거짓말의 심리학

CIA 거짓말 수사 베테랑이 전수하는 거짓말 간파하는 법

SPY THE LIE

Copyright ⓒ 2012 by Philip Houston, Michael Floyd,
Susan Carnicero, and Don Tennant
Published by arrangement with St. Martin's Press, LLC. All rights reserved.

Korean Translation Copyright ⓒ 2012 by Chusubat(Chungrim Publishing Group Co., Ltd)
Korean edition is published by arrangement
with St. Martin's Press, LLC through Imprima Korea Agency.

* * *

이 책의 한국어판 저작권은 Imprima Korea Agency를 통한
St. Martin's Press, LLC.와의 독점 계약을 맺은 추수밭(청림출판)에 있습니다.
저작권법에 의해 한국 내에서 보호를 받는 저작물이므로
무단전재와 무단복제를 금합니다.

거짓말의 심리학

CIA 거짓말 수사 베테랑이 전수하는 거짓말 간파하는 법

필립 휴스턴, 마이클 플로이드, 수잔 카니세로, 돈 테넌트 지음 | 박인균 옮김

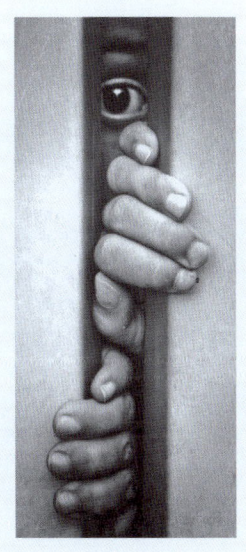

추수밭

들어가며

'거짓말이 드러나는 순간'을 간파하는 법

지금이 2001년 9월 11일 늦은 오후라고 상상해보라. 그날 아침 세계 무역센터의 쌍둥이 빌딩이 서 있던 뉴욕 그라운드 제로 Ground Zero에서는 매캐한 연기가 피어올랐고 엄청난 잔햇더미 한가운데서 구조대원들은 상상조차 하기 어려운 상황에 직면해 있다. 유나이티드 항공사 93편 항공기의 잔해는 펜실베이니아 생크스빌 Shanksville 근처의 한 평화로웠던 들판을 끔찍한 재난 지역으로 바꿔버렸다. 당신과 동료가 아직 무슨 일이 일어났는지 몰라 어리둥절하고 있는 조지 워싱턴 파크웨이에서 불과 몇 분 떨어진 펜타곤의 북서쪽 측면은 새까맣게 타들어간 채로 연기를 내뿜고 있다. 미국이 공격을 받은 것이다.

당신은 여전히 상황 파악을 제대로 못 하고 있는 미국 시민들이나 전 세계 수억 명의 시민들과 다르지 않다. 그들과 거의 똑같은 감정을 느낄 것이다. 단지 차이점이라면 당신은 CIA^{미국 중앙정보국} 요원이고 공격의 출처와 국가에 대한 직접적인 위협의 성격, 재발 방지를 위한 국가 차원의 최선의 선택을 판단하는 데 활용할 수 있는 특별한 기술을 가졌다는 것이다. 자, 지금부터 당신에게 우리의 세상을 소개하겠다.

• • •

우리 셋은 전혀 다른 방향에서 전혀 다른 배경을 가지고 이 세계에 들어왔다. 공통점은 인간의 본성에 매료되었다는 점과 우리가 개인으로, 국가로, 또 글로벌 공동체로서 직면하고 있는 너무나 많은 문제의 핵심에는 허위가 숨어 있다고 확신한다는 점이었다.

과거에 CIA 관리자로 활동했던 필립 휴스턴 Philip Houston 은 CIA 거짓말 탐지 전문가로서 쌓은 경력 덕분에 CIA 직원 및 시설의 내부 조사와 보안을 감독하는 고위급 임무를 맡아 수행했다. 또한 수백 건의 인터뷰와 비강제적 심문을 통해 탄생한 이 고유한 기술을 개발하는 데도 크게 기여했다. 이 기술은 역사상 다시없을 심각한 시기에 국가에 도움을 주었다.

마이클 플로이드 Michael Floyd 는 CIA에 들어오기 전 민간 기업에서 거짓말 탐지 전문가로 일했다. 그는 CIA를 비롯해 공공 및 민간 부문에서 일하며 거짓말 탐지 조사관들을 교육했고, 세간의 화제가 되었던 수많은 사건을 포함한 수백 건의 범죄 수사에서 거짓말 탐지를 담당했다.

　범죄 심리 전문가인 수잔 카니세로^{Susan Carnicero}는 우리와 합류해 거짓말 탐지 전문가이자 사원 심사 전문가로 일하기 전 CIA 첩보원으로 활동했다.

　결국, 우리는 멈추지 않는 중요한 열정을 함께 나누게 됐다. 바로 상대방이 거짓말하는지를 알 수 있는 기술을 개발하는 것이다.

　이 책에서 소개할 거짓말 탐지 방법은 거짓말 탐지 경험, 다시 말해 노련한 전문가들이 상대방의 진실성을 상당히 효과적으로 알아내기 위해 노력한 경험에 그 뿌리를 두고 있다. 우리가 소개하는 방법을 잘 활용하면 거짓말 탐지기를 사용하여 얻은 결과와 동등한 혹은 그보다 뛰어난 효과를 얻을 수 있다.

　우리 중에서도 특히 필이 CIA에서 이 방법을 설계하는 데 중추적인 역할을 했다. 이 방법은 CIA 내에서 CIA와 관련된 분야에 활용하고자 개발되었다. CIA 정보와 기술을 보호해야 할 필요 때문에 여기서 공개할 순 없지만, 그 효과는 다양한 부문에서 빠르게 입증되어 여러 정보기관과 정부 사법기관들에서 이 방법을 찾았고 교육을 요청해 왔다. 우리 셋은 그때부터 함께 일하며 이 방법을 더욱 다양한 분야에 응용할 수 있도록 연구하고 다듬었다.

　일반인들과 이 방법을 공유할 수 있는 계기가 된 사건이 1996년 일어났다. 당시 필과 CIA 보안국^{Office of Security}의 몇몇 동료는 민간 부문에 교육을 제공해도 좋다는 CIA의 허락을 받았다. 정보기관에서 이 방법을 활용하는 분야는 대부분 기밀이지만 방법 자체는 기밀로 분류

되어 있지 않기 때문에 관심 있는 외부인에게 이 방법을 교육하지 못할 이유는 없었다. 나중에 CIA 내에서 이 방법을 가르치는 선임 교육 담당자가 되는 수잔도 그로부터 얼마 후 외부 교육에 참가했다. 그때부터 우리 셋은 월스트리트 고객, 대기업, 법률 회사에서부터 비영리 조직, 교육기관, 지방 사법기관에 이르기까지 수백 개의 조직에 CIA의 거짓말 탐지 방법을 교육했다.

・・・

우리가 '모델'이라고 부르는 이 거짓말 탐지법의 적용 가능성이 너무나 방대하기 때문에 교육 프로그램에 참여하지 못하는 훨씬 더 많은 사람들이 이 방법에 대해 알고 싶어 하리라 생각했다. 당연히 그다음 단계는 집에서, 직장에서, 학교에서, 일상생활 속 어디에서나 이 모델을 사용할 수 있도록 사람들에게 소개하는 것이라는 결론에 이르렀다. 그래서 이 책을 쓰게 된 것이다.

    당신은 일상적으로 사람들에게 질문을 하고 그 질문에 대한 답변은 당신의 삶에 의미 있는 영향을 미친다. 과연 당신의 상사는 앞으로 2분기 동안의 전망치에 대해, 그리고 당신이 경쟁업체로 이직하지 말고 지금 회사에 계속 다녀야 하는 이유에 대해 솔직하게 말하고 있는가? 지난밤 친구 두엇과 만나서 술 한잔 한 것 말고는 아무것도 하지 않았다는 애인의 말은 진실일까? 마약에는 한 번도 손댄 적 없다는 자녀의 말은 사실일까?

어떤 질문들은 개인적으로 당신에게 미치는 영향이 덜할 수 있지만, 그래도 당신은 여전히 솔직한 대답을 듣고 싶다. 다음 시즌에 돌아오지 않겠다는 풋볼팀 쿼터백의 말이 이번에는 진심일까? 대선에 출마하지 않겠다는 정치인의 말은 과연 진실일까?

이러한 질문을 비롯하여 매일 주변에서 제기되는 수많은 다른 질문들에 대한 대답에서 진실과 거짓을 가려낼 수 있다고 상상해보라. 우리가 '거짓말이 드러나는 순간'이라고 부르는 그 순간을 간파하는 기술을 가질 수 있다면 어떻겠는가. 이것이 바로 우리가 안내하는 새로운 세계다.

차례

들어가며 '거짓말이 드러나는 순간'을 간파하는 법 — 005
프롤로그 작정하고 속이는 사람을 가려낼 수 있을까? — 014

|1장| 거짓의 세계로 들어가는 문

진실의 눈을 가리는 것들 — 025
:: 거짓말 탐지를 방해하는 다섯 가지 장애물 — 025
  상대방이 거짓말할 리 없다는 믿음 | 세간에 떠도는 거짓말 판별법 | 생각보다 복잡한 의사소통 과정 | 벗어날 수 없는 편견의 덫 | 무차별적으로 쏟아지는 정보들
:: 상대는 결코 생각만큼 논리적이지 않다 — 033

거짓말이 드러나는 순간 포착하기 — 038
:: 인간 거짓말 탐지기의 조건 — 038
:: 거짓말이 드러나는 첫 징후들 — 042
:: 징후에서 증거로 — 047
:: 구슬도 꿰어야 보배다 — 049
:: 갈등 없이 정보 캐내기 — 051

진실이 거짓을 은폐하는 역설 — 053
:: 한 절도범의 성경 사랑 — 053
:: 시험 부정행위자의 앨범 자랑 — 056
:: 진실을 밝히기 위해 진실을 무시하라 — 058

|2장| 거짓이 모습을 드러내는 순간

귀를 활짝 열어라, 거짓말이 들린다 — 063
:: 거짓말쟁이들이 말하는 법 — 063
:: 상대가 무의식적으로 보내는 거짓말 신호들 — 068
대답하지 않음 | 분명하게 부정하지 않음 | 대답하기 꺼리거나 거부함 | 상대의 질문 반복하기 | 미응답 진술 | 일관되지 않은 진술 | 공격 모드 돌입 | 부적절한 질문 | 지나치게 짧거나 상세한 대답 | 과도한 정중함 | 시니컬한 반응 | 과정 혹은 절차에 대한 문제 제기 | 질문의 범위를 축소함 | 참조 진술 | 종교 들먹이기 | 선택적 기억 | 진실을 감추는 수식어구 | 설득력 있는 진술

자칫하면 걸려들기 쉬운 가장 강력한 거짓말 — 087
:: "나 같은 사람이 그럴 리가…" 하는 사람들 — 087
:: 설득력 있는 진술이 무서운 이유 — 092
:: 설득력 있는 진술 무효화시키기 — 093

거짓말하는 자의 분노 — 096
:: "너무 감사하다고, 이 멍청이야" — 096
:: 궁지에 몰리면 공격 본능이 살아난다 — 098
:: 정치인이 인터뷰에 임하는 자세 — 101

눈을 크게 떠라, 거짓말이 보인다 — 107
:: 그는 왜 갑자기 몸을 웅크렸을까 — 107
:: 거짓을 내포한 이상 행동들 — 109
반응의 지연 | 말과 행동의 불일치 | 입이나 눈 가리기 | 헛기침하거나 침 삼키기 | 손을 얼굴로 가져가는 행동 | 고정점 이동 | 차림새 정돈하기

|3장| 거짓을 간파하는 기술

아무리 감추려 해도 결코 감출 수 없는 것 — 119
:: 거짓말 속 진실 — 119
:: 불륜은 어떻게 우정으로 둔갑되는가 — 123
:: 상대의 말을 문자 그대로 이해하라 — 127
:: 거짓말 속 진실을 가려내는 처벌 질문 — 130
:: 누가 소파에 주스를 흘렸을까 — 134

진실의 문은 두드리는 만큼 열린다 — 136
:: O. J. 심슨 취조실 풍경 — 136
:: 추정 질문으로 게임의 주도권을 쥐어라 — 141
:: 미끼 질문으로 불안감을 증폭시켜라 — 143
:: 신뢰도와 중립성 문제 — 147
:: 원하는 정보를 어떻게 얻을 것인가 — 150
　개방형 질문과 폐쇄형 질문 | 의견 질문 | 포괄적 질문
:: 효과를 두 배로 올리는 질문법 — 153
　짧게 질문하라 | 단순하게 질문하라 | 의미가 명확하게 질문하라 | 솔직하게 질문하라
:: 대화를 내 뜻대로 주도하는 질문 만들기 — 155

리드할 것인가, 끌려갈 것인가 — 157
:: 상대를 유리한 고지에서 끌어내려라 — 157
:: 거짓 행동에 직면했을 때 대처하는 법 — 160
　부정적 질문을 피하라 | 질문 전에 포석을 깔아라 | 심리적 알리바이를 극복하라 | 초점을 넓혀라 | 최대한 대립을 피하라

| 4장 | 거짓과 진실 사이에서

돌다리도 두드려보고 건너라 — 171
　:: 표정 분석만으로 거짓을 가려낼 수 없다 — 171
　:: 심증은 가지만 확증이 될 수 없는 행동들 — 173
　　시선 피하기 | 닫힌 자세 | 일반적인 긴장 | 성급한 대답 | 얼굴을 붉히거나 씰룩임 | 꼭 맞잡은 손 | 통념을 넘어선 반응

행동을 보지 말고 패턴을 관찰하라 — 180
　:: 어떤 정치인의 섹스팅 의혹 — 180
　:: 실전, 거짓 행동 가려내기 — 183
　:: 행동 패턴을 읽으면 진실이 보인다 — 195
　:: 해야 할 것과 하지 말아야 할 것 — 197

에필로그　자, 그렇다면 이제 어떡하라는 건가? — 199
부록 1　상대의 마음을 간파하는 상황별 추천 질문들 — 211
부록 2　샌더스키 성추행 혐의 사건을 통한 거짓말 분석 사례 — 221
감사의 말 — 239
옮긴이의 말 — 246

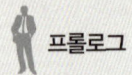 프롤로그

작정하고 속이는 사람을
가려낼 수 있을까?

"사람들이 거짓말을 믿지 않는 이유는 그래야 해서가 아니라 그러고 싶어서다."
― 맬컴 머거리지 Malcolm Muggeridge

CIA를 20년간 속인 남자

필은 그날 운이 좋았던 것 같다. 민감한 CIA 업무의 특성상 밝힐 수 없는 어느 국가의 도심 호텔에서 그는 20년 동안 CIA를 위해 훌륭히 임무를 수행하며 조직에 대한 신의를 검증받았다고 여겨졌던 한 외국인 정보원을 만나기로 되어 있었다. 앞으로 '오마르'라고 부를 이 정보원은 몇 년에 걸쳐 보안을 위한 관례적인 인터뷰나 임무 보고를 통해 CIA 인사과의 심사를 수도 없이 받았고 그때마다 그에 대한 신용도는 높아졌다. 오마르는 호출이 있으면 언제든지 임무를 수행할 준비가 된 믿을 만한 사람이라고 인정받은 인물이었다.

몇 주 전, 랭글리 Langley에 위치한 CIA 본부는 그 지역 국가들의 주요 정보원들과 관례적인 인터뷰를 진행하기 위해 필과 보안국 직원 한 명을 파견했다. CIA 직원들과 마찬가지로 정보원들 역시 CIA의 엄격한 보안 조건을 만족하는지 검증받기 위해 정기적으로 인터뷰에 응해야 했다. 현장에 나가는 건 반복되는 일상에서 즐거운 일이기도 했지만 한편으로는 몹시 힘든 일이기도 했다. 정보원이 질문에 거짓으로 대답한다는 징후가 보일 때면 강도 높은 질문들이 몇 시간씩 이어질 때도 있었기 때문이다.

언제나 맡은 일이라면 철두철미하게 해내는 필은 버지니아 공대 Virginia Tech를 상대로 시합에 나선 이스트캐롤라이나대학교 파이어러츠East Carolina University Pirates 팀의 감독이라도 된 양 오마르의 파일을 검토했다. 마치 승리에 보탬이 될 만한 잘 알려지지 않은 세부 사항이나 미묘한 차이들을 놓칠세라 눈을 부릅뜨고 시합 영상을 보는 감독처럼 오마르의 과거 활동에 대한 기록들을 꼼꼼히 살펴봤다. 파일을 닫은 그의 모습은 자신감에 차 있었다. 이번 일은 무난하게 넘어갈 것 같았다. 오마르의 기록은 완벽할 정도로 흠잡을 곳 없었다.

필은 오마르와의 인터뷰를 위해 보안 구역을 나서다가 문 앞에서 동료와 마주쳤다.

"어이 필, 오늘 저녁은 같이 못 먹겠지?"

"아냐, 같이 먹자고. 별거 아닌 일이야. 두 시간 안에 가지."

"설마."

동료는 믿지 못하겠다는 듯 말했다.

"이봐, 드디어 나도 행운을 잡았다고. 최근 들어 어려운 일만 맡긴

했지만, 이번 건은 달라. 이 사람, 직원들이 수도 없이 살펴봤는데 걱정할 데라곤 없어. 두 시간이면 될 거야."

동료와의 짧은 대화 후 필은 인터뷰가 잡힌 정해진 장소로 향했다. 시내 중심가에 있는 고층 호텔의 객실이었다. 오마르를 호텔로 데려오는 것만 해도 까다로운 일이었다. 적대적인 타국 정보부에 발각되지 않도록 신중하고 정밀하게 계획된 작전이 이루어졌다. 필과 오마르는 인터뷰를 하기 위해 지정된 방에 안전하게 도착했다. 호텔 고층에 있는, 편히 앉을 자리가 마련된 스위트룸이었다. 두 사람은 화기애애한 분위기 속에 대화를 시작했고, 필은 곧 본론에 들어갔다.

필은 소파에 앉았고 근처에 놓인 편한 의자에 오마르를 앉혔다. 필은 이미 유사한 인터뷰를 수백 번 진행해봤고 면밀하게 계산된 훈련도 해왔다. 긴장하지 않으면서도 업무에 충실한 태도로 미리 준비한 일반적인 질문들을 던졌다. 예상대로 오마르는 거침없고 편안하게 질문에 답했다. 20년 동안 일한 오마르 역시 인터뷰 과정을 익히 알고 있었다.

"당신은 오랫동안 우리와 일해 왔습니다." 필이 말했다. "다른 사람을 위해 일하기도 했습니까?"

여러 해를 힘께 일헤 믿을 만한 정보원에게 당연히 물어야 할 "다른 편에서 일한 적이 있습니까?"라는 질문을 던지는 건 어려운 일이 아니었다. 하지만 그다음 벌어진 상황에 필은 혼란에 빠졌다.

오마르는 자세를 고쳐 잡고 잠시 침묵하더니 어딘가 상당히 불편한 듯 "기도를 해도 될까요?"라고 물었다. 머릿속이 뒤죽박죽 엉켜버린 필은 마치 상대편에게 된통 당한 쿼터백이 된 기분이었다. '왜 저런 반응을 하는 걸까?' 오마르가 그러한 행동을 할 줄은 꿈에도 생각지 못했다. 하지만 그런 일이 눈앞에서 벌어지고 있었다.

"물론이죠."

아직 충격에서 헤어 나오지 못한 채 필이 말했다. 그는 오마르가 잠시 고개를 숙이고 기도를 한 후 대답을 이어나갈 거라 생각했다. 그렇기에 오마르의 다음 행동은 더더욱 이해할 수 없었다.

오마르는 자리에서 일어나 화장실로 들어가더니 큰 수건을 들고 돌아왔다. '이 자가 뭘 하고 있든지 간에 좋은 징조는 아니군' 하고 필은 생각했다. 도대체 말이 안 되는 일이 벌어지고 있었다. 오마르의 흠잡을 데 없는 기록과 그가 그때까지 인터뷰에서 거짓말한 적이 없다는 필의 확신이 옳다면 오마르의 행동에 대한 그럴듯한 설명이 있어야 했다.

오마르가 창가로 가는 동안 필은 머릿속으로 상황을 정리하느라 애를 썼다. '이 친구가 뭐 하는 거지? 수건으로 어딘가에 신호를 보내려는 건가? 얼마나 나쁜 일이 벌어지려는 걸까?' 그 순간 번뜩 떠오르는 생각이 있었다. 오마르는 이슬람교도였다. 그는 기도를 올리기 위해 메카가 있는 방향을 찾았던 것이다. 이슬람교도는 정해진 시간에 기도를 올린다. 아마 그 시간이 된 모양이었다.

아니나 다를까 오마르는 조심스럽게 수건을 바닥에 펼쳤고 그 위에서 기도를 올렸다. 오마르가 기도하는 동안 필의 머릿속은 빠르게 회전하며 상황을 추측하기 시작했다. '내가 오마르의 기분을 상하게 할만한 말을 했나? 오마르의 종교를 욕되게 했나?' 그는 자신이 오마르의 행동에 대처하는 방식이 아니라 인터뷰를 진행하는 방식 때문에 문제가 발생한 것이기만을 바랄 수밖에 없었다.

오마르는 이 지역 CIA 작전의 핵심 정보원이었다. 만약 오랜 세월 신뢰를 받으며 수많은 인터뷰를 통해서도 검증된 정보원이 사실은 다른 편이었다는 주장을 가지고 돌아간다면 CIA 지부장은 오마르가 아니라 필의 목을 원할 판이었다. 게다가 필은 점점 배가 고파왔고 꼭 가겠다고 말했던 저녁 약속 시간도 다가오고 있었다. 그때 필만큼 오마르가 잘못이 없다는 사실을 믿고 싶어 한 사람도 없을 것이다.

십여 분간 기도를 올린 후 오마르가 자리에서 일어나 수건을 접고 자리로 돌아왔다. 인터뷰를 재개하려고 생각을 모으던 중 필은 자신이 오마르의 행동을 객관적으로 평가하는 데 집중하지 못했고 단지 그를 믿고 싶다는 편향된 마음에 흔들렸다는 사실을 깨달았다. 할 일은 하나뿐이었다. 다시 질문을 던져 그를 몰아치는 거였다.

오마르의 반응은 필이 바라던 것과는 거리가 멀었다. 오마르는 잠시 말을 멈추고 불편한 듯 발의 위치를 바꿨다.

"왜 그런 질문을 하는 겁니까? 우려할 만한 사항이 있습니까?"

오마르가 억울하다는 듯 말했다.

그전에는 없었다 하더라도 이제는 그냥 넘어갈 수 없었다. 필의 질문에 오마르가 보이는 언어적, 비언어적 행동은 지금이 바로 유도신문을 해야 할 때임을 알려주고 있었다. 상대의 화를 돋우지 않으면서 심문하는 데 숙련된 기술을 가진 필은 일종의 인간 GPS가 되어 예정된 목적지를 향해 나아갔다. 바로 오마르의 자백이었다.

필은 생각보다 빨리 목적지에 도착했다. 한 시간이 채 못 되어 오마르는 CIA 정보원으로 있었던 지난 20년간 적국의 정보부를 위해 일해 왔음을 실토했다.

하지만 아직 끝이 아니었다. 오히려 반드시 거쳐야 할 전환점에 다다른 것뿐이었다. 이제 지난 세월 적국을 위해 일해 왔다는 오마르의 자백이 진실인지 검증해야 했다. 필은 날카롭고 예리한 심문 방식을 그대로 유지하면서 오마르의 자백을 확증할 만한 정보를 캐내기 시작했다. 오마르는 20년 동안 가까스로 숨겨오다 이제야 밝혀진 사실과 함께, CIA 훈련을 받으면서 대부분 이미 적군에게 받은 훈련과 똑같은데도 마치 처음 해보는 척했던 경험을 털어놓았다. 그는 미국을 상대로 성공한 작전들에 대해 상세하게 진술하기 시작했다. 그중에는 아주 섬뜩한 일도 있었다.

세계 어느 곳에서든 CIA 비밀 작전에 접근할 수 있는 사람들이 통신 담당자다. 이들은 랭글리의 CIA 본부와 세계 각지의 CIA 지부 간에 교환되는 정보들을 다룬다. 최고 수준의 보안이 요구되는 CIA 정보망과 지부를 오가는 모든 기밀문서에 접근할 수 있다. 만일 적대적인 정보부에서 CIA 지부의 직원을 잠재적인 정보의 금맥으로 본다면 통신 담당자는 그중에서도 가장 핵심적인 금맥이라 할 수 있다.

오마르는 주변 CIA 지부의 통신 담당자들에게 불안감을 줄 만큼 가까이 접근했던 것으로 드러났다. 그 지역에는 두 명의 통신 담당자가 한집에 살면서 지역 주민 한 사람을 고용해 집안일을 맡기고 있었다. 오마르는 그 내부에 눈과 귀를 얻어 아주 유리한 위치를 차지했다. 바로 집안일을 해주던 고용인을 매수했던 것이다.

그 같은 상황이 가져올 충격적 결과를 잘 아는 필에게 오마르의 이 고백은 또 다른 강타가 되어 날아들었다. 하지만 이번엔 빨리 정신을 차릴 수 있었다. 그리고 오마르는 고용인이 몇 달 뒤에 아무런 얘기도 없이 통신 담당자의 집에서 일하는 것을 그만두었다고 털어놓았다. 오마르가 자신의 상사에게 이 소식을 알리자 역도 선수 출신의 상사는 불같이 화를 내며 의자를 집어다가 맨손으로 부숴버렸다고 했다. 오마르는 적국의 정보부가 통신 담당자의 집에 정보원을 심는 일을 얼마나 중요하게 여기는지 몰랐다며, 상사가 사사건건 자신을 괴롭히고 미친 듯이 고함을 지르자 신변에 위협을 느끼기 시작했다고 말했다.

필은 오마르가 그 모든 사실을 낱낱이 털어놓는 동안 진지하게 이야기를 들으며 공감한다는 듯 고개를 끄덕였다. 속으로는 잔뜩 들떠 있었다. 이보다 훨씬 위로가 안 되는 일로 저녁 약속을 놓친 적도 수없이 많았기에 배고픔 정도는 참을 만했다.

CIA 거짓말 탐지 프로그램의 탄생

새벽이 되어서야 인터뷰는 마무리되었다. 오마르는 방을 떠났고, 이번 사건에 필요한 후속 조치를 위해 철저한 조사가 이루어질 것은 두말할 필요 없이 잘 알고 있었다. 필은 CIA 시설로 돌아가 즉시 랭글리에 전보를 보냈다. 예상대로 본부는 오마르가 이중첩자라는 사실을 쉽게 받아들이지 못했다. 어떻게 그런 일이 있을 수 있단 말인가? 어떻게 그 긴 세월 동안 감쪽같이 정체를 숨길 수 있었단 말인가?

필은 그 답을 이해하기 시작했다. 그도 잘 알고 있듯이 거짓말을 밝혀낸다는 것은 지극히 어려운 일이 될 수도 있었다. 정작 본인도 그 호텔방에서 처참하게 당할 뻔했다는 것을 알고 있었다. 필은 자신이 오마르를 믿고 싶어 했다는 사실을 깨달았다. 스스로 오마르를 믿을 근거를 찾고 오마르의 종교적 믿음과 관습에 무지했던 것은 아닌가 하고 자신을 탓했다.

하지만 곧 체계적이고 객관적인 방식으로 인터뷰를 진행해야 한다며 자신을 다독였고 그때야 비로소 승리를 거둘 수 있었다. 이 체계적인 방식이 필의 머릿속에서 점차 분명해지고 있었다. 그의 방법론은 여전히 발전하는 중이었다. 그것은 그가 받은 훈련과 그가 진행한 수백 번의 인터뷰에서 주의 깊게 상대방의 행동을 관찰한 경험이 결합한 결과였다.

그는 사람의 행동을 분석하는 데 재능이 있었고, 그 능력은 매 순간 더욱 예리해졌다. 직감에 따라 움직일 때도 있었지만, 이건 그 이상의 능력이었다. 필의 머릿속에선 자신의 질문에 대한 언어적, 비언어적 반응을 무의식적으로 분류하는 인지적 분석이 자신도 모르는 사이에 이루어지고 있었다. 이런 반응들이 모여 놀랄 만큼 효과적인 거짓말 탐지 능력이 갖추어졌다. 필은 자신의 재능을 수량화하고 반복이 가능한 일련의 기술로 만들어갔다.

그때만 해도 필은 이러한 전환 과정이 결국에는 정보기관 및 사법기관 직원들, 더 나아가 세상의 모든 사람들이 진실과 거짓을 가려내기 위해 배우고 활용할 수 있는 방법론으로 발전하게 되리란 사실을 전혀 알지 못했다.

| 1장 |

**거짓의
세계로
들어가는
문**

진실의 눈을 가리는 것들

> "의사소통의 가장 큰 문제는
> 의사소통이 잘 이루어지고 있다는 착각이다."
> ― 대니얼 데이븐포트 Daniel W. Davenport

:: 거짓말 탐지를 방해하는 다섯 가지 장애물

인산의 거짓말을 단번에 척척 알아낼 수 있는 기계 같은 건 없다. 분명히 말하지만, 우리 스스로도 우리를 그런 식으로 생각하지 않는다. 또한, 지구 상의 그 누구도 상대방이 하는 말이 자신이 이미 진실이라 알고 있는 것과 대치되지 않는 한 그것이 거짓말인지는 알 수 없다. 만약 누군가가 "나는 2008년부터 2009년까지 마이크 섀너한 Mike Shanahan 감독 밑에서 워싱턴 레드스킨스 Washington Redskins의 코치로 있었어요"라고 말했다고 하자. 마침 섀너핸 감독이 팀을 맡게 된 때가 2010년 이후라는 사실을 알고 있다면 당신은 상대가 거짓말을 하고 있음을 알 수 있다. 하지만 마이크 섀너핸이 마이크 디트카^{Mike Ditka}와 어떻게 다른지, 레드스킨스의 감독이 누군지 알지 못한다면 그 자리에선 상대의 말이 거짓인지 알 도리가 없다. 이 책을 샅샅이 살펴보고 다른 어떤 책을 찾아보더라도 이는 변하지 않는 사실이다.

하지만 우리는 수많은 실제 상황을 통해 거짓말 탐지에 꽤 효과적인 것으로 증명된 몇 가지 도구를 알려줄 수는 있다. 이 도구들은 필이 CIA에서 수백 번의 인터뷰와 심문을 하면서 발전시켜 결국 우리가 사용하는 거짓말 탐지법의 모태가 된 체계적 접근법을 적용하기 위한 수단이라 생각하면 될 것이다.

핵심적인 방법론에 대해 알아보기 전에 거짓말 탐지에 방해되는 만만치 않은 걸림돌들이 있다는 사실을 이해할 필요가 있다. 특히 까다로운 몇 가지 장애물들은 다음과 같다.

상대방이 거짓말할 리 없다는 믿음

이것이 바로 필이 오마르를 상대할 때 겪었던 가장 큰 장애물이었다. 오마르는 이미 수많은 심사를 거친 터라 필이 인터뷰할 당시 오마르의 진실성과 신뢰도는 문제가 될 상황이 아니었다. 좀 더 일반적인 관점에서 우리는 이를 '사회적 장애물^{social obstacle}'이라 여긴다.

우리가 살아가는 사회는 죄가 입증되기 전까지 모든 사람은 결백하다는 믿음과 거짓말은 몹시 나쁜 일이라고 어린 시절부터 주입된 사고를 바탕으로 움직인다. 부모들은 아이가 잘못을 저지르고 거짓말을 하면 애초에 저지르지 말았어야 하는 잘못된 일보다 그 일에 대해 거짓말을 하는 게 열 배는 더 나쁘다고 말한다. 우리는 이러한 가르침에 강한 영향을 받아 다른 사람에게 거짓말쟁이라는 딱지를 붙여야 하는 입장이 되면 굉장히 불편한 마음이 든다. 그래서 사람들을 믿고 싶어 하는 것이다.

문제는, 사람들은 거짓말을 하며, 그것도 굉장히 많이 한다는 것이다. 일부 행동 연구에 따르면, 우리는 남에게 상처를 주거나 갈등을 일으키지 않기 위한 이른바 '선의의 거짓말'을 포함해 하루 동안 평균 열 번 이상 거짓말을 한다. 심리학자들은 거짓말을 하는 편이 이롭다는 생각이 들면 누구든 거짓말을 한다고 말할 것이다. 덧붙이자면, 사람들은 거짓말을 통해 난처한 상황을 모면할 수 있다고 생각하면 더 쉽게 거짓말을 한다.

사람들을 믿고 싶어 하는 또 다른 요인은 우리 대부분이 타인을 평가하는 위치에 서는 것을 꺼리기 때문인데, 이는 당연한 일이기도 하다. 다른 이에게 쉽게 돌을 던져도 되는 사람은 없다는 것을 다들 알고 있기 때문이다.

하지만 진실을 가려내는 일과 상대를 평가하는 일은 서로 다르다는 사실을 기억해야 한다. 실제로 상대에 대한 평가가 거짓말 탐지 과정에 발을 들이게 되면 진실을 찾아내는 데 필요한 체계적인 접근법을 따르는 데 방해가 되기 때문에 오히려 불리해진다. 우리 셋 중 누구도 상대방을 평가하는 경향이 있거나 그런 역할을 즐기지 않는다.

거짓말을 밝혀내려고 할 때 우리가 갖는 단 한 가지 목표는 의사 결정 과정에 사실에 근거한 자료를 제공해서 어떤 상황에서든 최선의 결과를 이끌어내는 것이다.

세간에 떠도는 거짓말 판별법

우리는 어떤 특정 행동들이 진실 혹은 거짓의 징후라는 얘기를 수없이 들어왔고 심지어는 배우기까지 했다. 하지만 우리는 실증적으로나 경험적으로나 이러한 얘기를 뒷받침할 만한 증거는 없으며, 이러한 행동들이 앞으로 소개할 행동들보다 훨씬 신뢰도가 떨어진다는 사실을 발견했다. 그러므로 거짓말 탐지 상황에서 이 같은 소문들에 흔들리지 않길 바란다. 구체적인 행동들에 관해서는 4장에서 살펴볼 것이다.

생각보다 복잡한 의사소통 과정

의사소통이 복잡하다고 생각해본 사람은 없을 것이다. 하지만 상대의 말이 진실인지 거짓인지 가려내려고 할 때 분석해야 할 것이 바로 의사소통 과정이다. 문제는 의사소통이 몇 가지 이유 때문에 아주 불확실한 문제가 될 수 있다는 점이다.

첫째, 언어의 부정확성이다. 우리는 어떤 말을 들으면 이를 나름대로 해석하고, 이 해석을 바탕으로 우리에게 전달된 메시지를 이해하고 행동한다. 두 번째 문제는 의사소통을 분석할 때 고려해야 하는 게 언어가 전부가 아니라는 점이다. 사실 언어는 그리 큰 비중을 차지하지 않는다. 연구 결과에 따르면, 의사소통을 크게 언어적인 것과 비언어적인 것으로 나눌 수 있는데, 의사소통의 대부분은 비언어적인 것에 영향을 받는다고 한다.

그렇다면 거짓말 탐지와 관련해 의사소통이 중요한 이유는 무엇일까? 의사소통을 통해 전달된 내용을 분석하려고 하는데 그 대부분이 비언어적이라면 어떻게 해야 할까? 우리는 과연 비언어적인 의사소통에 얼마나 훈련되어 있을까? 아마도 만족할 만한 수준은 아닐 것이다.

그렇다면 최소한 언어적 의사소통은 제대로 수행하고 있는가? 그럴 수도 있고, 아닐 수도 있다. 배우자가 이야기를 잘 들어준다고 말하는 이가 몇 명이나 될까? 사실 우리 대부분은 의사소통에 대단히 능숙할 필요가 없다. 이는 오히려 걸림돌이 될 수 있다. 따라서 거짓말을 성공적으로 밝혀내기 위해서는 의사소통의 복잡한 특성들을 어떻게 다뤄야 할지 알아봐야 한다.

벗어날 수 없는 편견의 덫

'편견'이라는 단어가 부정적인 느낌을 주기는 하지만, 편견은 엄연히 우리 삶의 한 요소이며 사실 그렇게 부정적인 것만도 아니다. 편견이 없는 사람은 없다. 좋아하는 스포츠팀이 있다는 것도 하나의 편견이다. 무언가에 대해 완전히 중립적이지 않다면 어느 쪽으로든 편견이 작용하고 있기 때문이다.

문제는 편견이 누구를 믿고 안 믿는 문제에서 큰 영향을 미친다는 것이다. 예를 들어 우리가 누군가와 대화를 시도할 때마다 자신의 편견을 미리 점검해보는 여유를 가지긴 어렵다. 그러니 편견을 다루는 방법을 미리 익혀 인터뷰 도중에는 편견에 대해 생각조차 하지 않도록 해야 한다.

실제로 당신이 1990년대 초에 있었던 한 사건을 담당한다고 해보자. 캘리포니아 사이비 종교 집단의 교주가 집단 내 어린이 60명을 성추행한 혐의로 고발당한 사건이었다. 이 어린이들 중 부드러운 목소리를 가진 한 열세 살짜리 여자아이는 수사관들에게 자신을 포함한 여러 아이가 여러 해 동안 교주에게 당한 끔찍한 일들을 설명했다.

예상했겠지만 교주는 이 모든 혐의를 부정했다. 더군다나 여자아이가 들려준 역겨운 이야기를 뒷받침할 만한 증거도 없었다. 누구의 말이 진실일까? 악마 같은 교주일까, 어린 여자아이일까? 여자아이의 이야기를 들은 이들은 그 누구도 증언에 의심을 품지 않았다. 이들의 확신에 편견이 작용했을까?

마이클이 이 여자아이를 인터뷰하기로 했다. 마이클은 앞으로 이 책에서 소개할 모델을 사용하여 인터뷰하는 동안 자신의 편견을 다스릴 수 있었다. 그리고 진실을 밝혀냈다. 결국 여자아이가 자신의 증언이 잘 짜인 거짓말이었음을 인정한 것이다.

수잔은 고객의 요청으로 암 진단을 받은 한 여성을 인터뷰하게 됐다. 편의상 이 여인을 '매리'라 부르겠다. 암이라는 말에 마음이 약해지는 여느 사람들처럼 수잔 역시 인터뷰 도중 암 환자에게 동정을 느끼고 편견에 휩쓸릴 수도 있었을 것이다. 하지만 수잔은 편견을 잘 조절해 매리를 고용하려던 고객을 놀라게 할 만한 사실을 알아냈다. 단 한 번의 면접을 통해 수잔은 매리가 암 환자 연기를 하고 있음을 알게 됐다.

매리는 최근 교통사고로 부모를 잃은 탓에 그때까지 누리던 호화로운 생활을 더는 할 수 없게 됐다. 가입돼 있던 요트 클럽 멤버십이 부모님 명의여서 자칫 회원 자격을 박탈당할 위기에 놓여 있던 매리는 타당한 이유가 있으면 클럽 멤버십을 1년 연장할 수 있다는 사실을 알게 됐다. 그녀는 클럽 매니저에게 자신이 암 진단을 받았다고 말하기로 했다.

계획은 성공적이었다. 하지만 제일 친한 친구의 부모님도 같은 클럽에 가입해 있었기 때문에 친구의 가족에게도 거짓말을 해야 했다. 게다가 친구의 아버지는 그녀를 측은하게 여겨 직장을 구해주기까지 했다. "일하기 싫을 때는 회사에 화학 치료를 받으러 간다고 말하기만 하면 됐어요"라고 매리는 말했다. 그녀가 수잔의 면접은 통과하지 못했다는 사실만 말해두자.

편견에 관해 한 가지 더 강조할 것이 있다. 편견이 미칠 힘을 과소평가하지 말라는 것이다. 아무리 거짓말 탐지에 능숙해도 편견을 통제하지 못하면 역공을 당할 수 있다.

필의 두 아들은 자라는 동안 잘못에 대해 결백이 입증되기 전까지는 늘 혼이 났다. 하지만 딸 베스는 혼난 적이라곤 없었다. 아빠가 유난히 딸을 예뻐했던 것이다. 그저 필과 두 아들만큼이나 지는 걸 싫어하는 베스가 점수를 기록하지 않았기를 바랄 뿐이다.

무차별적으로 쏟아지는 정보들

다른 사람이 진실을 말하는지 알아내고자 할 때면 알게 모르게 당신도 '전체적 행동 분석모든 유형의 행동을 파악하고 분석하는 데 초점을 두는 행동 평가 전략'이라 불리는 방법을 사용하고 있을 가능성이 있다. 전체적 행동 분석에는 확실히 타당한 면도 있다. 당신은 기본적으로 "나는 인간 진공청소기가 되어 최대한 많은 정보를 빨아들일 거야. 그리고 이 정보를 활용해 최상의 결정을 내릴 거야"라고 생각할 수 있다.

이 말은 일리가 있어 보이기도 하지만, 사실 불가능한 일이다. 당신이 분석해야 할 데이터는 너무도 많고 그 많은 데이터를 처리하기 위해 거쳐야 할 과정도 너무나 많기 때문이다. 그건 마치 소방 호스가 뿜어내는 물줄기에서 물 한 잔을 따라 마시려는 것과 같다. 가능할 리 없다.

무엇보다 전체적 행동 분석을 사용하면 눈으로 관찰한 수많은 행동의 의미를 직접 추측해야 하는 상황이 된다. 예를 들어 우리는 '상대가 팔짱을 끼고 몸을 웅크리는 자세를 취하면 뭔가를 숨기고 있는 것'이라는 말을 자주 들었다. 하지만 상대는 단지 그 자세가 편해서 취했을 뿐이라면 어떨까? 그저 추워서 그랬다면? 우리는 표적이 보이지 않는 어둠 속에서 총을 발사하듯 그 자세의 의미를 추측할 뿐이다.

정확한 데이터를 모으는 데 전체적 행동 분석은 믿을 만한 방법이 아니다. 그러니 우리가 할 일은 체계적인 접근법을 통해 홍수처럼 쏟아지는 엄청난 데이터 중에서 불필요한 데이터를 걸러내는 것이다. 앞으로 살펴볼 거짓말 탐지법이 이를 가능하게 해줄 것이다.

:: 상대는 결코 생각만큼 논리적이지 않다

거짓말을 할 때 나타나는 구체적인 행동과 이를 구분할 방법에 관해 말하기 전 확실히 다시 생각해야 할 것이 있다. 바로 인간의 행동은 반드시 논리적이지 않고 우리의 예상과 맞아떨어지지도 않는다는 것이다. 우리가 논리적이라 생각하는 것들은 우리가 가진 믿음과 도덕적 잣대의 반영일 뿐이다. CIA 소속의 한 심리학자는 인간의 행동과 논리의 관계는 무시해도 될 만큼 가볍다고도 말했다. 그리고 우리는 이것이 절대적으로 사실이라는 것을 알아냈다.

수잔은 예상치 못한 일을 예상하는 법을 꽤 일찍 배웠다. 그녀는 친구 신디와 함께 아직 아기였던 딸 로렌을 데리고 자메이카로 휴가를 간 적이 있다. 호텔 리조트에 딸린 가족 소유의 작은 별장에서 지냈다. 가사도우미와 수영장을 관리해주는 소년은 그곳에서 오랫동안 일해 가족들과도 잘 알고 있었고 믿을 만한 사람들이었다. 하지만 이번 휴가에서 수잔은 로렌을 돌봐줄 사람을 호텔을 통해 한 명 더 구했다.

별장이 워낙 집처럼 편안하게 느껴졌기 때문에 수잔과 신디는 돈이나 귀중품을 객실 금고에 넣지 않고 침실에 그대로 놔둔 채 별다른 신경을 쓰지 않았다. 하지만 첫날 밤이 지난 뒤 신디는 침실 옷장에 올려두었던 40달러 정도가 사라졌다고 말했다.

수잔은 아마 신디가 다른 곳에 돈을 놔두었을 거라고 생각했다. 하지만 만약을 대비해 두 사람은 가진 현금을 모두 금고에 넣어두기로 했다. 숙소를 떠나기로 한 하루 전날, 수잔은 금고에 넣어뒀던 돈을 다시 꺼내 지갑에 넣고 지갑을 옷장 안 서랍에 두었다. 다음 날 아침, 수잔이 마지막으로 수영하고 돌아와 보니 현금 1,200달러 정도가 사라져 버렸다.

말이 안 되는 일이었다. 가사도우미와 수영장을 관리하는 아이는 가족 같은 사람들이었고 아기를 돌보는 사람('베티'라고 하자)은 아기를 맡겨도 괜찮겠다 싶을 만큼 믿음이 가는 사람이었다. 그런 그들이 어떻게 수잔의 믿음을 저버릴 수 있단 말인가?

수잔과 신디는 마침 휴가를 떠나기 바로 전에 우리의 거짓말 탐지 기술을 처음 익힌 터였다. 수잔은 이를 사용해 상황을 해결해보기로 했다. 그녀는 호텔 매니저에게 절도 사실을 알리고 베티와 이야기를 해봐야겠다고 했다. 매니저는 수잔에게 별 소득은 없을 거라 말했다. 베티가 돈을 가져갔는지 알아낼 방법이 없다고 말이다. 그는 자메이카 사람들은 절대 그런 범죄를 인정하는 법이 없기 때문에 베티도 그럴 것이라고 말했다. 하지만 수잔은 뜻을 굽히지 않았고 매니저도 결국 베티를 불러주기로 했다. 폭력을 써서는 안 된다고 덧붙이면서 말이다. 물론 수잔은 폭력을 쓸 생각이 전혀 없었다.

수잔은 휴가 오기 전 배웠던 거짓말 탐지법을 얼른 사용해보고 싶어 서둘러 별장으로 돌아갔다. 배운 지 얼마 되지 않았는데 과연 효과가 있을지 의심스럽기도 했지만 그래도 한번 시도해보고 싶었다. 별장에 도착한 수잔은 베티를 침실로 불러 얘기를 하고 싶다고 말했다.

베티가 방에 들어오자 수잔은 문을 닫았다.

"여기 돈이 꽤 있었는데 지금은 없어졌어요. 베티, 당신이 가져갔나요?"

베티는 뒤로 물러서다 옷장에 부딪혔다.

"무슨 돈이요?"

"옷장 속 지갑에 있던 돈이요."

베티는 잠시 말이 없었다.

"저는 로렌을 돌보고 있었어요! 한순간도 아기한테 눈을 떼지 않았어요!"

수잔은 머뭇거렸다. 베티는 분명 로렌을 잘 돌봐주었다. 베티의 말이 진실일까? 수잔은 좀 더 밀어붙이기로 했다.

"베티, 그럼 가사도우미와 수영장을 관리하는 친구가 당신이 내 지갑을 들고 있는 걸 봤다고 말할 만한 이유가 있을까요?"

베티는 불편한 듯 자세를 고쳤다. 그리고 아무 말도 하지 않았다. 수잔은 추정 질문presumptive question을 던질 때라 생각했다. 사건과 관련 있음직한 일을 추정해서 물어보는 것이다 이 경우엔 베티기 돈을 훔쳤다는 것이 그 추정이었다(추정 질문에 대해서는 3장에서 자세히 설명할 것이다).

"베티, 그 돈으로 뭘 했죠?"

"그 일은 죄송해요."

수잔은 놀랐다.

"뭐라고요?"

그녀는 믿을 수 없다는 듯 되물었다.

"그 일은 정말 죄송해요."

그러면서 베티는 브래지어 속에서 돈을 꺼냈다. 수잔은 충격이나 다름없는 기분을 느꼈다. 전혀 예상했던 대답이 아니었다. 호텔 매니저의 얘기를 들은 뒤라 더더욱 그랬다. 자메이카 사람의 성향에 대한 호텔 매니저의 논리는 완전히 빗나갔고, 베티가 끈질기게 결백을 주장할 거란 수잔의 예상도 산산조각이 났다. 이 방법이 정말로 효과가 있었던 것이다. 그 순간 수잔은 이 방법에 반해버렸다.

수잔은 그날 인간의 행동이 늘 이치에 맞는 것은 아님을 배웠다. 그리고 다른 사람의 생각이나 행동을 판단할 때 이치에 맞는 행동이 꼭 유용하지만은 않다는 것도 알게 됐다. 이 사건을 계기로 수잔은 이보다 훨씬 더 커다란 영향을 끼치는 더 심각한 상황에서 이 방법을 사용하게 되었다.

필은 이미 그 사실을 알고 있었다. 그는 우리가 특정한 결과를 예상하는 때가 많으며 그 때문에, 예를 들면 '세련되고 똑똑한 느낌을 주는 사람을 보면 그가 대놓고 거짓을 드러내는 행동을 하지는 않을 거라 가정한다'는 사실을 발견했다. 심지어 우리는 그런 사람이 거짓 행동을 보일 때는 그 행동이 어떤 것이고 어떻게 보일지 다 알고 그러는 거라 짐작하기까지 한다. 하지만 사람들 또한 우리에게 논리적으로 느껴지는 그런 방식대로 자신의 행동을 바라보지 않는다는 것은 분명한 사실이다. 따라서 아무리 똑똑하고 세련된 사람들도 거짓 행동을 보이기 마련이다.

언젠가 필이 CIA에 고용된 지 얼마 되지 않은 외국인 정보원을 인터뷰한 적이 있었다. 박사 학위도 있고 학계에서 경력도 많은 박식한 사람이었다. 필은 그에게 타국 정보부를 위해 일한 적이 있는지에 대한 일반적인 질문을 던졌다. 정보원의 반응은 더없이 이상했다. 갑자기 벌떡 일어나 "없습니다!" 하고 대답하더니 털썩 자리에 앉은 것이다. 마치 먼 옛날 학창 시절로 돌아가 선생님의 질문에 대답하는 것 같았다. 결국, 그는 자신이 KGB구 소련의 국가 보안 위원회에 고용돼 일한 적이 있음을 고백했다.

이 정도가 이상한 일이라면 더 극단적인 경우도 있었다. 필은 미국의 국익에 반하는 활동에 연루된 것으로 의심받는 한 외국인 요원을 인터뷰했었다. 필이 "당신이 그랬나요?" 하고 묻자 그는 손가락을 들고 필의 눈을 똑바로 노려보며 말했다.

"잘 알겠지만 난 당신을 죽일 수도 있었어."

확실히, 그는 필의 질문이 마음에 들지 않았던 모양이다.

"당연히 그랬겠지."

필은 말했다. 그리고 다시 질문으로 돌아갔다. 왜 그랬는지는 2장에서 설명하겠다.

거짓말이 드러나는 순간 포착하기

"발전은 질문에 대답하는 것으로 이루어지고
발견은 답에 질문하는 것으로 이루어진다."
— 버나드 헤이시 Bernard Haisch

:: 인간 거짓말 탐지기의 조건

우리가 거짓말 탐지법을 완성하기까지 우연히 이루어진 일은 하나도 없었다. 1978년, 필이 CIA에 들어왔을 때 보안국에 소속되었다는 정도가 약간의 행운이라 하겠다. 짐작하겠지만 보안국은 전 세계 CIA 시설과 직원, 정보의 보안을 책임지는 조직이다. 랭글리 본부의 보안관리국 Security Duty Office에서 6개월간 야간 근무를 하고 워싱턴 지국에서 1년 정도 근무했을 때 필은 보안국의 다른 부서에 결원이 발생해

충원이 필요하다는 말을 들었다. 바로 거짓말 탐지부였다. 조금이라도 더 많은 경험을 하고 싶었던 필은 지원을 결심했다.

하지만 안타깝게도 필은 탈락했다. 거짓말 탐지부장은 필이 거짓말 조사관이 되기에는 나이도 어리고 경험도 부족하다고 생각했다. 다른 사건들이 우연히 맞아떨어지지 않았다면 이야기는 여기서 끝났을 수도 있다. 하지만 그로부터 얼마 지나지 않아 그를 받아주지 않았던 부장이 퇴직했다. 거짓말 조사관에 대한 수요가 여전히 높은 상황에서 차장인 조지 메이슬린스키 George Macelinski 는 필에게 연락해 아직도 거짓말 탐지부에 관심이 있는지 물었다.

그즈음 필은 거짓말 탐지라는 일에 관해 다시 생각해보면서 어쩌면 자리를 옮기지 못한 게 오히려 잘된 일일지도 모른다고 생각하고 있었다. 그는 자신이 적임자라고 확신하지 못했다. CIA에 들어올 때 직접 거짓말 조사관들을 겪어보고 주요 보직에 있는 수많은 동료의 얘기를 들어본 바에 따르면 거짓말 조사관은 업무 특성상 꽤 냉정한 성격을 갖고 있어야 할 것 같았다. 무엇보다 거짓말 수사관들이 기술을 갈고닦는 그 분야는 많은 것들, 예를 들어 사람들의 생명과 국가의 안보가 걸려 있으므로 CIA의 거짓말 조사관은 굉장히 책임이 막중한 직책이었다. 이를 제쳐놓더라도 거짓말 조사는 극도의 긴장감이 따르는 일이고 조사관은 상대가 감정적으로 격앙되거나 동요하는 상황을 통제할 수 있어야 했다.

필은 확실히 냉정한 역할에는 맞지 않았다. 그는 평범한 사람이었다. 얼마 전 아버지가 된 그는 누구에게나 친근한 이미지였으며 느긋

했고 자신을 '사람 좋은 타입'이라고 생각했다. 그래서 조지가 연락해 왔을 때 그는 이런 걱정들을 털어놓았다. 조지는 필의 이런 걱정들을 곧 해결해주었다.

"그게 바로 우리가 원하는 거라네."

조지는 한쪽으로 치우치지 않은 객관적인 정보를 얻고 행동을 정확하게 분석하기에는 필의 성격이 안성맞춤이라고 설명했다. 상대의 말이 거짓이 아니라고 판단할 수 있는 능력 역시 거짓을 가려내는 능력만큼이나 중요하다는 것이다. '사람 좋은 타입'의 사람은 공정과 불공정을 구분할 줄 알고 스스로 편견을 통제할 줄 아는 편이다.

그거면 충분했다. 필은 곧장 시카고로 갔고 마이클 플로이드를 위시한 전문가들에게 6개월간 거짓말 탐지 교육을 받았다. 그렇게 필은 그로부터 14년간 CIA에서 거짓말 조사관으로 근무하게 된다.

거짓말 탐지에 관해 알아두어야 할 사실이 있다. 인간 거짓말 탐지기가 없는 것처럼 그런 기계도 없다. '거짓말 탐지기'는 거짓말을 탐지하는 게 아니라 자극에 반응해 일어나는 인체의 생리적 변화를 측정하는 기계다. 여기서 자극이란 바로 거짓말 조사관의 질문이다. 이러한 생리적 변화와 관련된 불안이 거짓말을 나타내는지 아닌지가 바로 거짓말 조사관이 분석 능력과 대인 관계 기술을 통해 알아내야 하는 문제다.

거짓말 탐지기에 달린 펜들이 자극에 대한 네 가지 생리적 반응을 기록한다. 두 가지는 호흡 반응이고, 하나는 심혈관계 반응이며, 하나는 피부 습도 변화를 기록하는 피부 전류 반응이다. 조사관은 차트 위에 질문을 시작하고 마친 지점과 조사 대상이 "예" 혹은 "아니요"로 대답한 지점을 정확하게 기록한다.

거짓말 탐지 조사가 끝나면 조사관은 차트를 다시 검토하면서 각 질문에 대해 피조사자가 나타낸 생리적 반응의 정도를 분석한다. 잘 정의된 차트 분석법에 따라, 질문에 대한 응답에 나타나는 생리적 반응이 '거짓 징후'를 나타내는 기준에 들어맞을 경우 조사관은 해당 질문을 조금 더 주의를 기울여야 하는 문제 영역으로 표시한다.

필의 머릿속에 무언가 떠오르는 때는 이런 일상적인 분석 작업 중이었다. 그가 무슨 계시를 받은 적이 있다면, 바로 그런 순간이었다. 그는 이 차트를 분석하면서 질문을 시작할 때와 마칠 때, 피조사자가 대답할 때를 정확히 주석으로 달았다. 그렇게 한 이유는 오직 질문과 그에 따른 생리적 반응의 관계를 명확히 하기 위해서였다.

필은 인터뷰를 진행하고 일상적으로 마주치는 사람들에게 질문을 던질 때 왜 조금 더 공부하고 대비하지 않는지 자문했다. 우리가 나누는 대화를 똑같은 방식으로 분석하면 어떤 결과가 나올까? 그 질문에 대한 답이 우리의 거짓말 탐지 방법론이 되었다. 우리는 이것을 간단히 '모델'이라고 부른다.

이 모델의 강점 중 하나는 단순함에 있다. 모델에는 한 가지 전략적 원칙과 두 가지 간단한 지침이 있다. 전략적 원칙이란 만일 상대가 거짓말을 하는지 알고 싶다면 진심에서 나온 행동을 무시해야 한다는 것이다. 그 행동을 의식적으로 처리하지 않도록 말이다. 얼핏 역설적으로 보이는 이 원칙에 관해서는 뒤에서 자세히 살펴볼 것이다.

:: 거짓말이 드러나는 첫 징후들

지금은 필이 거짓말 탐지 차트를 분석하다 "아하!" 하던 순간에 탄생한 두 가지 지침에 집중하자. 이 두 지침은 바로 '타이밍 timing'과 '클러스터 cluster'다. 행동 분석 분야에서 타이밍과 클러스터는 새로운 개념은 아니지만, 그 누구도 거짓말 탐지 차트 분석 기술을 토대로 이 둘을 함께 모아 행동 분석 모델로 개념화할 생각은 하지 못했다.

앞서 전체적 행동 분석의 문제점은 상대가 특정 행동을 보일 때 그 이유를 추측해야 하는 상황에 놓이게 된다는 것이라고 말한 바 있다. 추측이 실제 분석이 되게 하려면 질문이라는 원인과 합리적으로 연관시킬 수 있는 행동에만 집중해야 한다. 원인을 밝히고 원인에 따른 결과를 알아내어 둘 사이의 관계를 찾아내는 것을 분석이라 생각해보자. 타이밍이라고 말할 때는 잠재적인 거짓 행동을 자극하는 질문 혹은 진술부터가 시작이다.

상대의 행동이 진실하지 못한 것인지 알아내기 위해서는 최초의 거짓 행동이 자극을 받고 5초 이내에 발생하는지를 보고 들어야 한다. 왜 30초나 60초가 아니라 5초로 정했는지 이해하려면, 우리는 평균적으로 분당 125개에서 150개의 단어를 말한다는 속기사들의 얘기를 고려해봐야 한다. 인지 연구에 따르면, 우리는 말하는 것보다 최소 열 배는 빠른 속도로 생각한다. 이는 자극을 받은 순간으로부터 시간이 지날수록 뇌가 다른 생각을 하게 될 가능성이 높아진다는 뜻이다. 우리의 경험으로는 처음 5초 이내에 거짓 행동이 감지될 때 이 행동이 자극과 직접 연관된 것으로 결론지을 만하다.

이제 거짓 행동에 대해 알아보자. 어떤 순간이든 인간은 시각에만 지배되거나 청각에만 지배되는 경향이 있다. 보는 것을 인식하고 처리하는 데 더 신경을 쓰든지, 아니면 듣는 것을 인식하고 처리하는 데 더 집중하든지 둘 중 하나라는 얘기다. 문제는 앞서 의사소통은 언어적 요소와 비언어적 요소로 구성된다고 말했던 것과 관련된다. 말하자면 거짓 행동 역시 언어적인 형태나 비언어적인 형태 혹은 두 가지 모두의 형태로 나타날 수 있는 것이다. 그렇다면 어떻게 한 번에 이 두 가지를 파악할 수 있을까?

방법은 우리의 뇌가 보고 듣기를 동시에 할 수 있도록 '곱자(ㄱ자 모양의 자) 모드 L-squared mode'라 부르는 상태가 되도록 훈련하는 것이다. 우리는 뇌에 이렇게 말해야 한다. "뇌야, 너는 지금부터 몇 초 동안 나에게 전달되는 시각 정보와 청각 정보를 동시에 처리하는 거야."

물론 뇌는 별로 좋아하지 않을 것이다. 사실, 결국 뇌는 이를 거부할 것이다. 시간이 지나면 뇌는 이렇게 말한다. "더는 못하겠어." 그러면 우리는 다시 시각이나 청각 어느 한 쪽으로 초기화된다. 하지만 꾸준히 훈련하면 자극이 있고 얼마 정도 지나면 뇌가 곱자 상태에 돌입하게 할 수 있다. 그렇게 되면 거짓말 탐지에 필수적인 정보를 안정적으로 모으고 처리할 수 있을 것이고, 받아들이는 정보의 양도 보통 사람보다 훨씬 많아지게 될 것이다.

다른 지침은 거짓 행동의 클러스터와 관련이 있다. 클러스터란 언어적, 비언어적 행동을 모두 포함해 거짓 행동을 나타내는 징후가 둘 이상 모여 있는 것으로 간단히 정의할 수 있다. 따라서 클러스터는 언어적 징후 하나와 비언어적 징후 하나로 구성될 수도 있고, 두 가지 비언어적 징후나, 두 가지 언어적 징후와 비언어적 징후 하나로 이루어질 수도 있다.

만약 자극에 대해 단 하나의 거짓 행동만 나타나면 어떻게 해야 할까? 무시해야 한다. 여기에는 몇 가지 이유가 있다. 우선, 우리는 개인으로서 각기 다른 이유로 수많은 행동을 한다. 말하는 습관이나 방식도 다르고, 움직이는 습관과 방식도 다양하다. 거기에는 아무런 의미도 없다. 그것은 그저 우리의 일부일 뿐이다. 클러스터 규칙을 통해 이를 걸러내는 작업이 시작되는 것이다.

짐작했을 수도 있지만 두 번째 이유는 상대가 거짓 행동을 자주 보일수록 실제로 거짓을 말하고 있을 확률이 더 높다는 것이다. 앞서 언급했듯이 우리는 인간 거짓말 탐지기가 될 수는 없다. 하지만 더 많은 행동을 관찰할수록 신뢰 수준이 그에 비례해 높아진다는 사실만은 변함이 없다.

이제 두 지침을 모아보자. 당신은 질문을 던지고 즉각 곱자 상태로 들어가 둘 이상의 거짓 행동이 클러스터를 이루어 나타나는지 보고 듣는다. 최초의 거짓 행동이 자극을 받고 5초 이내에 나타나야 한다는 것을 기억하라. 거짓 행동 클러스터는 언어적, 비언어적 행동을 모두 포함해 최초로 나타나는 거짓 행동과 뒤이어 자극이나 명백한 방해 요소로 행동의 흐름이 끊어질 때까지 나타나는 모든 언어적, 비언어적 거짓 행동으로 구성된다. 이 같은 거짓 행동의 흐름은 얼마나 길어질 수 있을까? 정치인들을 비난할 생각은 없지만, 정계에서 우리가 보아온 지루하기 짝이 없는 반응들이 이 질문에 대한 답을 얻는 데 도움을 줄 것이다. 답은 '꽤 길다'는 것이다.

도표를 살펴보면서 클러스터 규칙에 대해 더 알아보자. 나중에 자세히 살펴볼 몇 가지 언어적, 비언어적 행동의 맛보기라 생각하면 되겠다. 지금 당장은 특정 행동에 주의를 기울일 필요는 없다. 어떤 것이 언어적 행동이고 어떤 것이 비언어적 행동이라는 정도만 알아두면 충분하다.

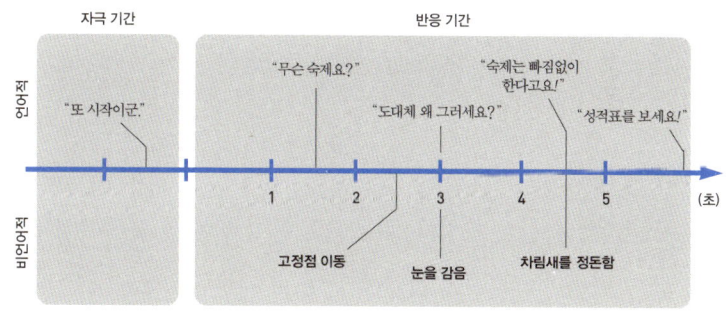

그림 1은 엄마가 딸에게 숙제를 했느냐고 묻는 상황이다. 딸의 반응이 클러스터의 요건을 충족시키는 것을 알 수 있다. 둘 이상의 행동이 나타나고 최초의 행동이 질문 후 5초 이내에 나타났다.

사실상 이 경우 딸은 엄마의 질문이 채 끝나기도 전에 언어적 행동을 나타내고 있다. 이런 반응을 '질문 인지question recognition'라 한다. 딸이 이전에 똑같은 상황을 겪어봤기 때문에 엄마의 말보다 빠르게 생각할 수 있는 것이다. 딸은 질문이 끝나기도 전에 이를 이해했고 그에 대한 반응으로 언어적 행동을 보이고 있다. 따라서 이를 클러스터의 일부로 생각해도 좋다.

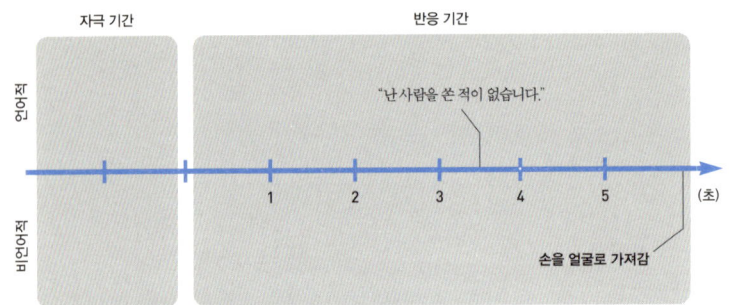

그림 2

질문: "당신이 경찰관을 죽였습니까?"

그림 2는 훨씬 심각한 상황이다. 여기 나타난 반응을 클러스터로 볼 수 있을까? 확실히 그렇다. 최초의 행동이 질문 후 5초 이내에 일어났고 둘 이상의 행동이 나타났다. 우리의 신뢰 수준은 그림 1의 경우만큼 높지 못하다. 행동의 수가 많을수록 신뢰 수준도 높으니 말이다. 하지만 보다시피 클러스터를 이루는 행동의 수가 반드시 거짓말의 심각성을 반영하는 것은 아니다.

:: 징후에서 증거로

자, 그럼 모든 조건이 충족됐다고 가정하자. 당신은 질문하고 그에 대한 반응으로 거짓 행동 클러스터가 나타났으며 최초의 행동은 5초 이내에 일어났다. 이제 이 정보만 있으면 상대가 거짓말을 한다고 '확실히' 결론지을 수 있을까? 그렇지 않다. 당신은 인간 거짓말 탐지기가 아니란 사실을 기억하라. 여기서 내릴 수 있는 결론은 질문이 잠재적 문제 영역을 건드렸으며 이 영역에 대해 더 자세히 살펴봐야 한다는 것이다. 관찰된 행동을 '증거'가 아닌 '징후'라 부르는 데는 이유가 있다.

하지만 오해해선 안 된다. 이 징후들은 아주 중요한 정보를 제공한다. 이 '자극-반응 모델 stimulus-response model'을 분석에 활용하면 거짓말하는 순간을 간파하고 거짓말을 굉장히 효율적으로 발견해내는 경험을 할 수 있다. 이 모델의 적용을 외과 수술에 비유하여 생각해보면 쉽게 이해할 수 있다.

외과 의사는 악성종양을 떼어낼 때 종양을 완전히 제거하기 위해 그 주위로 넓게 표시를 한다. 하지만 표시한 부분을 몽땅 잘라내진 않는다. 그보다는 아주 한정된 영역을 정확히 잘라낸다. 다른 신체 부위가 건강하다 할지라도 그곳에 종양이 있다는 가능성을 배제할 수는 없다는 사실을 알고 있지만 말이다.

따라서 거짓을 종양이라고 가정한다면 다른 부분은 그대로 남겨두고 종양이 있는 부위만 정확하게 도려낼 수 있는 수술 도구를 이용해야 한다. 종양만 따로 떼어 처리할 수 있도록 격리해야 하는 것이다.

수잔은 언젠가 까다로운 정부기관에 지원한 남자를 인터뷰한 적이 있었다. 그녀는 마지막으로 아직 표면에 드러나지 않은 잠재적 문제점을 알아낼 목적으로 고안된 포괄적 질문 catch-all question 을 던졌다(포괄적 질문은 3장에서 다룰 것이다).

"제가 알아야 할, 문제가 될 만한 사항 중 물어보지 않은 게 있나요?"

수잔이 물었다.

지원자는 불편한지 자세를 바꿨다.

"문제가 될 만하다는 게 무슨 의미인가요?"

이렇듯 간단한 질문을 알아듣지 못하는 것은 거짓을 드러내는 행동 가운데 하나다. 이는 다음 장에서 더 깊이 살펴볼 것이다. 지금 주의를 기울여야 할 것은 지원자의 문제점이 될 만한 것이 그때까지 수잔의 질문에서는 나타나지 않았다는 점이다.

그녀는 포괄적 질문에 대한 지원자의 반응을 보고 아직 할 일이 많다는 것을 깨달았다. 오래지 않아 그녀는 지원자를 불편하게 만든 점이 무엇인지 알아낼 수 있었다. 그는 자신의 발 페티시를 충족시키기 위해 아내가 마실 음료에 수면제를 탄 적이 여러 번 있다고 털어놓았다. 한번은 무릎담요에 클로로폼(흡입 전신마취제)을 적셔 아내를 기절시키려다 실패한 적도 있었다고까지 고백했다.

:: 구슬도 꿰어야 보배다

1996년 11월 16일, 덜레스Dulles 국제공항에서 FBI미국 연방 수사국 요원이 CIA 요원을 체포했던 일은 마치 첩보 영화를 방불케 했다. 다만 감독도 없고, 녹음 기사나 조명 기사도 없고, 카메라맨이나 배우도 없다는 점만 달랐을 뿐 실제 상황이었던 것이다. CIA 동료 사이에서 '짐'으로 알려진 해럴드 제임스 니컬슨Harold James Nicholson이 러시아 정부를 위해 첩자 행위를 했다는 이유로 체포됐다. 결국, 그는 유죄를 인정하고 23년 7개월 형을 선고받게 된다. 또한 첩자 행위로 형을 받은 최고위 CIA 요원으로도 기록되었다.

니컬슨을 '짐'이라고 알고 있던 동료 가운데는 필도 있었다. 두 사람은 1980년대에 만났다. 당시 젊었던 니컬슨은 외국에서 요원 관리자로 근무하고 있었고, 필 역시 비교적 최근에 선발된 CIA 요원으로 니컬슨과 함께 일한 적이 있었다. 각자의 길을 걷던 두 사람은 90년대 중반 다시 만나게 되었다. 필은 '팜The Farm'으로 알려진 CIA 훈련 시설의 보안 책임자로 근무하고 있었고 니컬슨은 그곳에 교관으로 소속되어 있었다. 2년 동안 두 사람은 이웃으로 지내면서 함께 여가 활동을 즐기기도 했다. 두 사람의 아이들도 같은 학교에 다녔다. 필의 아들 필립과 니컬슨의 아들 나다니엘은 짧은 기간이지만 미식축구 연습에 가면서 카풀을 하기도 했다.

필은 니컬슨을 친근하고 외향적인 사람으로 기억했다. 하지만 FBI가 자신을 찾아와 니컬슨에 대한 의혹을 알려주었을 때 아주 놀라지만은 않았던 것도 기억한다. 꼭 집어 말할 순 없지만 자식을 셋 둔 이혼한 아버지라고 하기에는 뭔가 이상한 점이 있었다. 나다니엘은 말수가 적고 내향적이었지만 필은 그를 아주 착한 아이라고 생각했다. 그래서 2009년 초, 감옥에 있던 니컬슨이 나다니엘을 시켜 세계 전역을 돌아다니며 자신을 담당한 러시아 관리자들에게서 자금을 회수하게 했다는 뉴스가 터졌을 때는 더 큰 충격을 받을 수밖에 없었다. 이 죄목으로 니컬슨의 형량은 8년 더 늘어났다. 나다니엘은 아버지를 기소하려는 당국에 협조하여 감옥행을 면할 수 있었다.

니컬슨이 러시아에 매수된 사실은 CIA 요원이자 러시아 스파이로 활동하여 미국 역사상 그 누구보다 많은 국가 정보를 빼돌렸던 알드리지 에임스Aldridge Ames가 체포되고 유죄판결을 받으면서 드러나게 되었다. 에임스 사건은 CIA에 경종을 울렸고 이를 계기로 모든 CIA 직원을 대상으로 프로그램 재정비 목적의 대대적인 보안 및 대정보부 훈련이 실시되었다. 필은 훈련을 지휘하는 교관으로 선발되어 부교관과 함께 괌의 모든 사람들을 상대로 면담을 진행했다. 거기에는 CIA에서 일하는 내내 러시아를 위해 스파이 행위를 했던 니컬슨도 포함되어 있었다.

필은 면담 때마다 "만약, 혹시라도, 여러분 가운데 누군가가 다른 편을 위해 일하고 있다면 언젠가는 잡힐 거라고 생각하셔도 좋을 겁니다"라고 말하며 끝맺음을 했던 것을 기억한다. 필은 지금도 '니컬슨이 이 말을 들었을 때 어떤 마음이 들었을까?' 하고 생각하곤 한다.

이 모든 사례를 통해 거짓 행동은 어디서든 일어날 수 있으며 이를 알아내려면 모델을 적극적으로 활용할 필요가 있다는 사실을 알수 있다. 가만히 있어도 저절로 해결되는 일은 없다. 모델에 관한 지식이 있다고 해서 갑자기 어디서든 거짓 행동을 찾아낼 수 있는 초능력이 생기는 건 아니다.

필은 한 번도 니컬슨과 스파이 활동에 대해 직접 얘기해보지 않았다. 그런 대화도 없었고 다른 편을 위해 일하는지 물어볼 이유도 없었기 때문에 필은 니컬슨의 거짓을 발견해내지 못했다. 심심찮게 니컬슨과 마주쳤으면서도 말이다. 상대의 행동을 분석하기 위해 주의를 집중하고 있지 않으면 어느 것도 거짓 행위를 드러내 보여주지 않는다. 달리 말해, 모델은 활용할 때만 유용하다.

:: 갈등 없이 정보 캐내기

모델의 실제 적용에 관해 마지막으로 한 가지만 더 말해두자. 모델의 효과에 대해 CIA 내에 소문이 퍼지자 정보부 고위직 임원이 필을 찾아와 그 효과를 직접 확인하고 싶다고 했다. 그는 필이 진행하는 면접 자리에 앉아 계약직에 지원한 젊은 남자의 면접 과정을 지켜봤다.

필은 질문을 던지면서 몇몇 행동들을 통해 특정 분야를 파고들어 더 많은 정보를 얻어내기 시작했다. 오래지 않아 지원자는 사람들과 어울릴 때 오락 삼아 마약을 복용한다는 사실을 인정했고, 정기적으로 마리화나와 코카인을 한다고 털어놓았다. 면접이 더 진행되자 그는 가끔 마약을 팔기도 한다는 것까지 인정했다. 그뿐 아니라 지난 몇 주 사이 코카인을 팔아 1,500달러를 벌었다는 사실까지 털어놓았다. 지역 상점에서 500달러 상당의 스테레오 시스템을 훔쳤다는 말도 했고, 6개월 전에 여자 친구와 말다툼을 벌이다 빗장뼈를 부러뜨렸다는 얘기까지 했다. 30분의 면접이 끝난 뒤, 지원자는 자리에서 일어나며 필에게 물었다.

"합격 여부는 언제 알 수 있을까요?"

필은 고위직 임원을 흘끗 바라보았다. 그는 믿을 수 없다는 표정을 하고 있었다. 필은 웃음을 참았다.

"몇 주 안에 알려드릴 겁니다. 연락드리죠."

고위직 임원은 진실한 정보를 얻어내는 모델의 효과뿐 아니라 정보를 캐낼 때 갈등을 전혀 유발하지 않는다는 사실을 확인할 수 있었다. 모욕을 당했다고 생각하는 사람은 아무도 없었다. 필도, CIA도 아무런 해를 입지 않았다. 핵심은 지원자가 면접관을 적으로 보지 않았기 때문에 면접관이 원하는 정보를 털어놓았고 본인도 자신의 그런 행동에 만족했다는 것이다. 면접관은 그저 지원자가 옳은 일을 하고 품위를 지킬 수 있도록 도왔을 뿐이다.

진실이 거짓을
은폐하는 역설

"거짓을 숨기기 위해 진실을 털어놓는 것만큼
좋은 가면은 없다. 발가벗는 것이 최고의 위장이다."
— 윌리엄 콘그리브 William Congreve

:: 한 절도범의 성경 사랑

팜의 보안국장이었던 필은 사실상 미국에서 가장 보안 등급이 높은 시설에서 일하는 것이나 다름없었다. 그리고 그 보안을 유지하는 것이 필의 일이었다. 이 시설에 대한 외부의 무단 접근이 국가 안보에 치명타가 될 수 있다는 것은 당연한 사실이었지만, 팜 내부 사람들이 신뢰를 저버리지 않도록 하는 것도 그에 못지않게 중대한 일이었다.

어느 날, 한 여직원으로부터 지갑에 있던 40달러를 도둑맞았다는 보고를 들었다. 필은 잠재적으로 심각한 문제가 될 수 있는 일이 벌어졌다는 사실을 직감했다. 내부자가 정말 돈을 훔쳤다면 그가 또 다른 무엇은 못 훔치겠는가? 사소한 정보 하나까지도 사실상 기밀에 부치는 그곳에서 한 가지 용납할 수 없는 일이 바로 도둑질이었다.

그녀는 점심을 먹으러 간 사이 지갑에 있던 20달러 지폐 두 장이 사라졌으며 자신의 방에 접근할 수 있는 다른 사람은 오직 한 사람—'로널드'라고 부르자—밖에 없다고 말했다. 필은 로널드를 사무실로 불렀다. 사무실에 도착한 로널드는 보안국장 사무실에 불려 온 여느 사람들만큼 침착했다.

친근하고 다정한 성격의 필은 단호하고 엄격한 태도를 보일 생각은 없었다. 하지만 이제 그와 심각한 얘기를 나눠야 한다는 것은 분명했다. 그는 로널드를 자리에 앉게 하고 곧바로 본론으로 들어갔다. 필은 로널드에게 여직원이 들려준 얘기를 사실 그대로 말했다. 로널드는 이를 주의 깊게 들었다. 필이 말을 마쳤을 때 로널드는 필의 이야기에 대해 아무런 반응도 하지 않았다. 대신 조심스럽게 필의 소매를 잡아당겼다.

"저랑 같이 주차장에 좀 가시죠. 보여 드릴 게 있어요."

필은 혐의가 있어 불려 온 상대의 말이나 행동에 놀라 멈칫하는 경우가 거의 없었다. 하지만 로널드의 이러한 반응은 꽤 이상하다고 생각했다.

"뭘 보여주려고 그러지요?"

"일단 따라와 보세요. 그럼 아실 거예요."

필은 사무실을 떠날 마음이 없었다. 로널드는 계속해서 같이 가자고 말했지만 곧 소용이 없다는 걸 알고 필에게 뭘 보여주려고 했는지 털어놓았다.

"제 차의 트렁크를 보여드리려고 했어요. 성경책이 가득 들어 있지요. 저는 매주 교회를 대신해서 어디든 필요한 곳이 있으면 성경을 가져다줍니다."

필은 트렁크가 성경으로 가득 차 있다는 로널드의 말을 의심하진 않았다. 하지만 거짓말을 하는 사람은 상대를 설득하기 위해 진실한 진술, 즉 자신을 상당히 좋은 사람으로 보이게 해줄 진술을 하기도 한다는 것을 그는 알고 있었다. 이를 우리는 '설득 대 전달 convince vs. convey' 상황이라 부른다. 자신의 올곧음에 대해, 자신은 사람들이 주장하는 그런 짓을 할 인물이 아님을 설득시키려고만 할 뿐 정작 사건과 관련된 사실을 전달하는 정보는 언급하지 않는 것이다.

필은 이와 같은 반응을 수도 없이 보고 들어왔다. 이번 사건에서도 확실한 적신호가 켜졌다. 만약 로널드가 저지른 일이 아니고 사실들이 그에게 유리하다면 로널드는 지갑에 손을 대지 않았다고 주장하며 거기에만 집중했을 것이다. 필은 누가 돈을 훔쳤는지를 밝히려면 로널드의 진실한 성경 얘기를 무시해야 한다는 사실을 알고 있었다. 침착하지만 단호하게, 필은 질문들을 밀어붙였다. 결국 10분도 채 지나지 않아 로널드는 자신의 절도를 인정했다.

:: 시험 부정행위자의 앨범 자랑

그즈음 아직 CIA에 입사하기 전이었던 마이클은 거짓말 조사관으로 일하고 있었는데, 한번은 어느 유명 대학으로부터 한 남학생을 인터뷰해달라는 요청을 받았다. 앞으로 '아닐'이라고 부를 이 남학생은 평범한 학생이 아니었다. 동아시아에서 미국으로 이민해 온 그는 중년의 나이로 이미 기계공학 학위를 가지고 있었지만, 의과대학원에 진학하기 위해 필수과목인 생물학 수업을 듣고 있었다.

아닐은 훌륭한 엔지니어였지만 지난 두 번의 생물학 시험에서 낙제하고 말았다. 기준에 한참 못 미치는 점수를 받았기 때문에 기말고사에서는 어떻게든 좋은 점수를 받아야 했다. 그는 다른 여러 학생과 함께 본시험이 있고 나서 몇 주 후에 보충 시험을 보기로 했다. 이 시험의 평균 점수는 200문제 가운데 99문제를 맞추는 정도였는데 놀랍게도 아닐은 184개의 문제를 맞혔다.

학교 당국은 아닐의 점수를 의심했다. 보충 시험이 있기 전 학교 웹사이트에 답이 올라와 있는 것을 발견했던 것이다. 그동안 낙제를 받던 학생이 기말고사에서 굉장한 성적을 받았으니 이에 대한 설명이 필요했다. 아닐은 부정행위로 공식 기소됐다.

아닐은 갑자기 사회적 불명예에 대한 공포에 휩싸이기도 했지만, 그보다는 안 좋은 기록 때문에 의과대학원 진학에 빨간불이 켜질까봐 두려워졌다. 그는 강하게 혐의를 부인했고 변호사를 고용해 명예를 회복하려 했다. 아닐의 무죄를 확신한 변호사는 그의 진실을 입증하기 위해 거짓말 조사관으로 마이클을 고용했다.

아닐은 테스트를 받으러 오면서 커다란 앨범을 가져왔다. 간단한 인사가 오가고 자리에 앉자마자 아닐은 앨범 얘기를 꺼냈다. 그러더니 앨범을 펼쳐 고국의 멋진 사진들을 보여주었다.

"여기가 우리 집입니다."

아닐이 화려한 궁전을 가리키며 말했다.

"잡지에도 나왔었죠."

마이클은 주의 깊게 사진을 살펴보고 집의 아름다움에 대해 점잖게 칭찬했다. 그는 아닐이 앨범을 넘기면서 여러 고위 인사들과 함께 찍은 사진을 특히 강조해 보여주는 동안 성의 있게 고개를 끄덕였다. 고위 인사들을 하나하나 소개하는 동안 아닐은 마이클이 실제로 무슨 생각을 하는지 알 길이 없었지만, 마이클은 '결과를 들으면 이 친구 변호사가 실망이 크겠군'이라고 생각했다.

거짓말 탐지 테스트가 시작되기 전 끈질기게 사진을 보여주던 아닐의 행동은 로널드가 필에게 성경으로 가득한 트렁크를 보여주려 했을 때와 정확히 같은 말을 하고 있었다. '나는 죄를 저질렀지만, 혹시 다른 진실한 행동을 보여주면 그 후광에 힘입어 이 사람을 설득할 수도 있을지 몰라. 나는 그런 짓을 할 사람이 아니라고 말이지.'

이 같은 일련의 행동과 사전 인터뷰에서 아닐이 보인 거짓 행동을 통해 마이클은 거짓말 탐지기를 연결하기도 전에 아닐이 거짓말을 하고 있다는 사실을 알았다. 하지만 변호사에 대한 의무인 만큼 그는 거짓말 탐지 테스트를 진행했고, 당연히 아닐은 테스트를 통과하지 못했다. 중간고사에서 낙제한 것과는 비교도 안될 만큼 비통한 일이었다.

:: 진실을 밝히기 위해 진실을 무시하라

여기서 핵심은 상대가 거짓말을 하는지 알고 싶다면 그의 진실한 행동을 무시해서 그런 행동이 더는 고려되지 않도록 해야 한다는 점이다. 대부분의 사람들은 이 말에 어리둥절해할 것이고 말이 안 된다고 여기는 이들도 많을 것이다. 그럼에도 이는 엄연히 모델의 핵심 원칙이며 여기에는 그럴 만한 이유가 있다.

만약 필이 사회를 보다 살기 좋게 만들기 위해 헌신하는 사람들에게 깊은 존경심을 가지고 있다고 해보자. 또한 필이 진실하긴 하지만 당장 사건과는 관련이 없는 행동을 무시하지 않고 받아들였다고 해보자. 그러면 아마도 성경으로 가득한 로널드의 트렁크 이야기에 혹하지 않았을까?

마찬가지로, 마이클이 동아시아 문화에 매료되어 있고 민족의 유산에 자부심을 가진 사람들을 꾸준히 존경해왔다고 해보자. 앨범을 보여준 아닐의 행동이 그의 품성에 대해 평가할 때, 그리고 그가 시험에서 부정행위를 저질렀을 뿐 아니라 부정행위에 관해 거짓말을 하고 있을 가능성을 판단할 때 영향을 미치지는 않았을까?

진실한 행동을 무시하면 편견을 통제할 수 있게 되고, 결국 거짓말을 밝혀낼 때 편견에 대해 신경 쓰지 않을 수 있게 된다. 게다가 상대의 진실성 여부를 판단하기 위해 처리해야 하는 정보의 양을 현격하게 줄여준다. 필요 없는 정보를 더 많이 걸러낼수록 상대의 거짓을 더 쉽게 알아챌 수 있다.

 또한 거짓말하는 사람은 진실한 대답을 할 때 나타나는 행동을 얼마든지 쉽게 흉내 낼 수 있다는 사실도 알아둬야 한다. 진실한 반응은 직접적이고 자연스러운 경향이 있다. 하지만 준비만 철저하게 한다면 거짓말하는 사람도 그렇게 보이도록 대답할 수 있다. 일반적으로 진실을 말하는 사람이 기민하고 침착하며 주의 깊은 것처럼 거짓을 말하는 사람도 정도의 차이는 있을지언정 똑같이 행동할 수 있다.

 해결법은 간단하다. 무시하는 것이다. 상대의 진실한 행동은 너무나도 쉽게 당신을 겨누는 무기가 될 수 있다.

| 2장 |

거짓이 모습을 드러내는 순간

귀를 활짝 열어라, 거짓말이 들린다

"사람이 말을 할 땐 귀 기울여 들어라.
많은 사람이 전혀 들으려고 하지 않는다."
— 어니스트 헤밍웨이 Ernest Hemingway

:: 거짓말쟁이들이 말하는 법

텔레비전에서 방송하는 법정 드라마를 본 적이 있는 사람이라면 증인이 증언에 앞서 "증인은 신의 도움을 받고자 진실을, 모든 진실을, 오직 진실만을 말할 것을 엄숙히 맹세합니까?"라는 질문에 답하며 하는 선서를 알 것이다. 하지만 이 간단한 선서가 얼마나 훌륭한지 깊이 생각해본 사람은 많지 않을 것이다. 이 선서의 훌륭함은 바로 포괄적이라는 점에 있다. 우리가 했던 거짓말이나 앞으로 하게 될 거짓말은 크게 세 가지 범주 혹은 전략으로 나뉘는데, 바로 '노골적 거짓말', '생략에 의한 거짓말', '영향력 있는 거짓말'이다. 이 선서는 바로 이 세 가지를 모두 아우른다.

'진실을 말할 것'이라는 부분은 노골적 거짓말을 가리킨다. 노골적 거짓말은 직접적이고 뻔뻔한 거짓말이다. 2009년, 전 사우스캐롤라이나 주지사였던 마크 샌포드 Mark Sanford 는 실제로는 아르헨티나에서 정부의 치마를 걷어 올리고 있었으면서도 자신은 애팔래치아 등산로를 걷고 있었다고 말했다. 이것이 노골적 거짓말, 상상력이라곤 없는 말 그대로의 거짓말이다.

'모든 진실을 말할 것'은 생략에 의한 거짓말을 가리킨다. 이 경우 말을 하는 것보다 하지 않는 게 거짓말이 된다. 숨김없이 그대로 거짓말을 하는 것보다 훨씬 편한 전략이라 할 수 있다. 샌포드가 치정과 관계없이 진짜 업무차 아르헨티나에 출장을 갔다고 해보자. 만약 그가 아르헨티나에 업무를 보러 갔다고 말하면서 정부와의 은밀한 업무 얘기는 빠뜨렸다면 이는 생략에 의한 거짓말이 된다.

'오직 진실만을 말할 것'은 영향력 있는 거짓말을 말한다. 이에 관해서는 뒤에서 좀 더 집중적으로 다룰 것이다. 일반적으로 잘 알아채지 못할 만큼 그 힘이 너무나 강력하기 때문이다. 만약 당신이 누군가의 거짓말에 속았다면, 상대가 별 상관없는 일을 당장의 주제와 관련 있는 것으로 느끼게끔 했기 때문일 수도 있다. 아르헨티나에 정부가 있다는 혐의를 받은 샌포드가 이렇게 대답했다고 해보자. "나는 20년간 행복한 남편이었으며 헌신적인 아버지였습니다." 이 경우 진실한 정보를 전달하려 했다기보다는 우리의 인식에 영향을 미치기 위해 거짓말을 한 것이다.

이것들은 언어적 거짓 행동의 기초가 되는 전략이다. 이를 밝혀내는 일은 이 분야에서 늘 중요하게 여겨져 왔다. 그 결과에 따라 거짓말을 성공적으로 가려내기도 했고, 거짓말에 속거나 거의 속을 뻔한 상황들도 연출됐다. 필은 일찍이 상대의 거짓말에 속거나 속을 뻔했던 상황의 중요성을 깨달았다.

지금은 노스캐롤라이나 주 법 집행관으로 근무하는 아들 크리스가 초등학교에 다닐 때의 일이다. 크리스는 늘 숙제를 하지 않아 곤란을 겪는 것처럼 보였다. 어느 날 학교를 마치고 집으로 돌아온 크리스는 비번이어서 쉬고 있던 아버지와 마주쳤다. 필은 바로 급소를 찔렀다.

"크리스, 숙제는 없니?"

"오늘은 임시 선생님이 오셨어요."

크리스가 대답하고 위층으로 뛰어 올라갔다.

"아, 그래."

필은 다시 텔레비전으로 눈을 돌렸다. 잠시 후 필의 머릿속에 한 가지 생각이 떠올랐다. 이를 지연된 거짓말 탐지 순간이라 불러도 좋겠다. '아홉 살 소년, CIA 조사관을 무너뜨리다'라는 머리기사가 뇌리를 스쳤다. 필은 다시 크리스를 불렀다.

"크리스, 숙제가 얼마나 되니?"

"아주 많아요."

크리스가 발을 질질 끌더니 대답했다.

"왜 아주 많은데?"

"음, 오늘 임시 선생님이 오셨어요. 선생님은 이 문제지만 내주고 학교에서 못한 건 집에서 끝내오라고 하셨어요."

필은 계속 나아갔다.

"끝낸 게 있니?"

"네, 꽤 많이 끝냈어요."

"그래. 가서 숙제해라."

그날 필의 머릿속에서는 사람들이 어떻게 거짓말을 하는지에 관한 많은 것들이 분명해졌다. 사실대로 말할 수 없을 때에는 상대를 설득할 수 있을 만한 말을 해야 하고, 이런 상황에서 최선의 선택은 진실하거나 반박할 수 없는 말을 하는 것이다. 앞서 살펴본 필과 크리스의 대화에서 필이 숙제가 있느냐고 물었을 때 크리스가 보인 반응은 완전히 진실이었다. 그 대답이 평소 아들을 믿는 필의 마음을 공략했다. 무엇보다 필 스스로도 임시 선생님이 오는 날을 마음 편하게 즐겼던 적이 얼마나 많았던가!

위의 사례는 또한 사람들이 대놓고 거짓말하는 걸 불편해한다는 사실을 보여준다. 크리스로서는 "아니요, 숙제 하나도 없어요"라고 말하기가 훨씬 어려웠을 것이다. 그래서 거짓말을 하기보다 사실을 말하지 않음으로써, 즉 생략에 의한 거짓말을 함으로써 상황을 피하려 했던 것이다.

이번엔 수잔의 집으로 가보자. 수잔이 부모로서 거짓말 탐지 능력을 발전시키는 데 큰 역할을 한 사람은 아들 닉이었다. 열 살이 되지 않은 다른 아이들과 마찬가지로 닉 역시 샤워를 하고 이를 닦는 일을 시간 낭비라 여기던 시기가 있었다. 게다가 닉은 그런 일에 대해 습관적으로 거짓말을 하는 실수도 저질렀다. 수잔이 이를 닦았는지, 샤워했는지 물으면 닉은 언제나 다 했다고 대답했다. 다른 엄마들처럼 수잔도 진실을 다 알고 있었다. 아들의 반응을 보고 거짓말임을 알아차린 것이 아니라 닉의 몸과 입에서 냄새가 났던 것이다.

닉은 늘 엄마가 어떻게 거짓말을 알아내는지 혼란스러운 듯했다. 닉을 보면 '최대한 티 안 나게 거짓말을 했는데 엄마가 어떻게 알았지?' 하고 생각하는 게 보였다. 결국 닉은 자기가 이도 안 닦고 머리에 물만 묻히고 나온 걸 어떻게 알았는지 수잔에게 물었다.

"내가 그걸로 먹고살잖니."

수잔의 말에 닉은 패잔병처럼 바라보면서 투덜거렸다.

"다른 일을 찾아보시는 게 좋겠어요."

많은 부모, 특히 엄마들이 아이의 마음을 읽어내는 데는 선천적인 능력이자 본능 같은 게 있다고 믿는데, 실제로도 그렇다. 굳이 생각해 볼 필요도 없이 엄마들은 부모만이 가진 안테나를 세워 자녀의 행동 패턴에서 수상한 점을 짚어낸다. 하지만 언제 어디서든 방법론적 체계를 갖춘 행동 분석 기술을 사용할 수 있다면 얼마나 더 효과적일까? 아이가 숙제를 했는지, 이를 닦았는지 등이 문제가 될 때는 직감에 의존하는 것도 괜찮다. 하지만 마약, 섹스, 왕따, 폭력과 같은 심각한 문제를 다뤄야 한다면 직감만을 믿는 것은 최선의 선택이 아니다.

자, 지금부터는 사실대로 말할 수 없을 때 사람들이 사용하는 언어적 거짓 행동을 자세히 살펴보자.

:: 상대가 무의식적으로 보내는 거짓말 신호들

대답하지 않음

상대에게 질문했는데 그가 바로 대답하지 못한다면 다 이유가 있는 것이다. 한 가지 가능성은, 사실이 자신에게 불리하므로 이 상황을 모면할 방법을 찾고 있다는 것이다. 그렇다면 그가 대답하지 않았다고 해서 그 자리에서 바로 거짓말을 하고 있다고 결론지어도 될까? 절대 아니다. 항상 클러스터 규칙을 기억해라. 한 가지 행동만으로는 부족하다. 다른 이유가 있을 수 있다. 그저 질문의 요지를 파악하지 못해서 대답하지 않았을 수도 있고, 질문을 이해하지 못했거나 다른 질문으로 알아들었기 때문에 대답하지 않았을 수도 있다.

분명하게 부정하지 않음

대답하지 않는 반응과 아주 밀접한 반응으로, 질문에 포함된 잘못된 행위나 그와 관련된 결과를 분명하게 부정하지 못하는 경우가 있다. 이러한 행동이 잘 드러나는 사례를 하나 소개하겠다.

2004년 6월 25일, 미국의 부통령 딕 체니 Dick Cheney는 폭스 뉴스 Fox News의 닐 카부토 Neil Cavuto와 인터뷰를 했다. 카부토는 최근 국회에서 딕 체니가 상원의원 패트릭 리히 Patrick Leahy 와 나눈 대화에 대해 물었다. 몇몇 보도에는 체니가 상스러운 욕설을 했다고 나왔지만, 당시 체니는 휴가 중이었고 스스로 욕설을 했다고 인정한 적은 없었다. 다음은 당시 녹취록 일부를 발췌한 것이다.

카부토 자, 의원님. 결론을 얻고 싶은 문제가 있습니다. 공개되지 않은 정보를 얻고 싶다고 해도 되겠고요. 그중 하나가 며칠 전 버몬트 주 패트릭 리히 의원과 있었던 소동입니다. 대체 무슨 일이 있었죠?

체니 음, 우리는… 미국 상원 의회에서 논쟁을 좀 벌였다고 하면 될 것 같군요.

카부토 논쟁 이상이었다고 들었습니다만.

체니 음, 그러니까, 제가 다소 강하게 얘길 했지요. 그리고 나니 좀 마음이 풀리더군요.

카부토 그렇군요. 욕을 섞어 얘기했습니까?

체니 저는 보통 그런 말을 안 씁니다.

카부토 그렇군요. 그런데 그런 말을 썼다는 보도가 있었습니다.

체니 네, 대개는 그런 말을 안 씁니다. 하지만…

카부토 리히 의원에게 무슨 말을 했습니까?

체니 그에 대한 불만을 얘기했지요.

카부토 의원님과 할리버튼에 대한 그의 의견에 대해서요?

체니 아니요. 일부는 그랬습니다. 일부는요… 또, 그게 뭐랑 관련이 있었느냐 하면… 그는 다른 사람에게 그런 식으로 혐의를 씌우고도 친구입네 하고 악수를 청할 사람입니다. 그리고 저는 확실하지 않은 표현은 하나도 없이 분명하게 그… 그의 행동에 대한 내 관점을 말하고 나왔습니다.

여기서 잠시 멈춰보자. 체니의 언급에서 어떤 결론을 끌어낼 수 있을까? 체니는 그가 그런 말을 사용할 수도 있다는 단순한 의견까지도 일축해버린 것으로 보인다. 그러니 카부토는 이를 암묵적 부정으로 이해하고 넘어갈 수도 있었을 것이다. 그런가? 다행스럽게도 그는 계속 압박을 가했다.

카부토 욕을 했습니까?
체니 아마도요.
카부토 후회하십니까?
체니 아니요. 저는 그렇게 말했고 기분이…
(카부토가 끼어든다)

이렇게 된 것이다. 만약 욕이 들어간 표현을 쓰지 않았다면 카부토가 문제를 제기하자마자 명쾌하게 그에 관한 사실을 밝혔을 것이다. 하지만 그는, 자신은 보통 혹은 대개 그런 말을 하지 않는다며 질문을 피했다. 부정할 수 있는 좋은 기회가 있었지만 그러지 못한 것이다. 세 번의 질문이 이어지고 체니는 '아마도' 욕을 했다고 인정했고 (이는 배제 수식어구로서, 곧 살펴볼 것이다), 그다음 질문에는 '그렇게 말했다'고 인정했다.

첫 번째 유형의 부정 문제는 단순히 부정하지 못하는 것이다. 질문에 대답하지 못하는 게 아니라 그저 어떤 식으로도 부정을 못하는 것이다. 예를 들어 상대에게 "예", "아니요"로 대답해 달라고 하고 "당신이 그랬나요?"라고 물었을 때 상대가 "제가 아니에요"라든가 "난 안 했어요" 같은 "아니요" 진술로 대답하지 않는다면 여기에는 큰 의미가 있다. 진실을 말할 수 없을 때 사람들은 심리적으로 말하기 편하다고 생각하는 정보를 말하는 경향이 있다. 부정 문제는 이외에도 다음과 같은 형태를 취할 수 있다.

[포괄적 부정] "아니요"라는 반응이 당장 문제에 관한 구체적 부정이 아니라 포괄적 대답으로 나온다면, 예를 들어 "난 아무 짓도 안 했어요"라고 하거나 "난 절대 그런 짓을 하지 않아요"라고 한다면 여기에도 중요한 의미가 있다. 미묘하긴 하지만 상대가 '아무 짓도' 하지 않았다고 말한다면 그는 "내가 그러지 않았어요"라는 뻔뻔한 거짓말을 하지 않아도 되도록 심리적으로 자신의 책임을 면제해주고 있는 것이다. 훈련받지 않은 사람이라면 쉽게 놓치기 쉬운 미묘한 차이다.

[지나치게 간결한 부정] 잘못된 행위에 대한 질문에 돌아오는 "아니요"라는 응답이 장황하게 긴 대답 속에 묻혀 있다면 이는 관심을 기울일 필요가 있다. 긴 대답 속에 부정과 관련 있는 대답의 비중이 상대적으로 작다면 이는 나쁜 징조다. 거짓 징후라 생각해도 좋다.

대답하기 꺼리거나 거부함

질문을 받은 상대가 "내가 이런 얘길 해도 되나 모르겠군요"라고 답할 때가 있다. 경우에 따라서는 자신이 그런 얘기를 해도 되는 사람이 아니길 바라기 때문에 이렇게 말할 수도 있다. 간단한 회피 수법이다. 혹은 이런 말로 거부 반응을 보일 수도 있다. "이런, 내가 거기에 대답할 수 있을지 모르겠네요." 물론 이러한 반응이 정당한 반응일 수도 있다. 그러니 항상 클러스터 규칙을 염두에 두고 있어야 한다.

상대의 질문 반복하기

거짓말을 하는 사람은 왜 상대의 질문을 반복할까? 우리는 이것이 시간 벌기이며 궁극적으로는 거짓말하는 사람의 최종 목표라고 생각한다. 하지만 행동심리학자의 관점에서 살펴본다면 질문을 반복하는 반응은 자칫 아주 어색해질 수도 있는 침묵의 순간을 메우려는 노력의 결과다. 질문에 침묵으로 응답하는 것은 보편적으로 거짓의 표현이라 여겨진다. 그러니 멍한 표정으로 가만히 앉아 무겁게 입을 다물고 있느니 질문을 반복하여 생각할 시간을 버는 것이다.

흥미로운 점은 질문을 반복하는 데는 2, 3초면 충분하다는 것이다. 계산을 해보자. 생각의 속도가 말보다 열 배 빠르다고 하면 질문을 반복함으로써 어떤 대답을 하면 좋을지 생각할 시간을 20, 30초나 버는 것이다.

늘 그렇지만 여기서도 클러스터 규칙을 기억하는 것이 중요하다. 정말 정당한 이유가 있어서 질문을 반복할 수도 있다. 제대로 듣지 못했거나 이해한 바를 확실히 하기 위해서일 수도 있고, 단순한 버릇일 수도 있다.

미응답 진술

미응답 진술을 하는 심리는 질문을 반복하는 심리와 매우 비슷하다. 어색한 침묵을 피하고 적당한 대답을 생각해낼 시간을 버는 것이다. 질문과 관련 없는 말을 하는 경우가 여기에 해당한다. "좋은 질문이네요"라거나 "그렇게 물어봐주니 좋군요"가 대표적인 예다. 가끔은 이런 반응이 유용한 정보를 주기도 한다. 우리는 "그 질문이 왜 안 나오나 했어요"와 같은 미응답 진술을 자주 듣는다. 특정 질문에 왜 이런 진술로 대응할까? 이 사람은 자신도 모르는 사이 자신이 무슨 생각을 하고 있는지, 무엇을 걱정하는지에 대해 상대방에게 실마리를 주고 있는 것이다.

일관되지 않은 진술

미셸 몽테뉴 Michel Eyquem de Montaigne는 "기억력이 좋지 못한 사람은 결코 거짓말이라는 거래에 뛰어들어선 안 된다고 하는 데는 다 그럴 만한 이유가 있다"고 말했다. 그는 사실이 자신에게 불리할 때 진실을 있는 그대로 말하기란 어려운 일임을 알고 있었다. 누군가 흥미를 끌 만한 사안에 관해 말을 한 뒤 다시 그 말과 모순된 말을 하고 말이 바뀐 이유를 설명하지 못한다면 이를 눈여겨봐야 한다.

티파티 Tea Party: 미국 보수주의자 유권자 운동 단체의 일원이자 전 미국 상원 후보였던 크리스틴 오도넬 Christine O'Donnell 은 자신의 저서 《트러블메이커: 다시 위대한 미국을 만드는 데 필요한 일을 합시다 Troublemaker: Let's Do What It Takes to Make America Great Again》를 홍보하기 위해 2011년 8월 17일, CNN의 〈피어스 모건 투나잇 Piers Morgan Tonight〉에 출연했다. 결과적으로 오도넬은 인터뷰가 채 끝나기도 전에 자리를 떴다. 오도넬이 책에서 얘기하고 싶은 부분은 따로 정해두었는데 모건은 그 밖의 다른 부분에 대해서도 질문을 퍼부었기 때문이다. 아래는 둘의 대화에서 발췌한 내용이다.

모건 그러니까 '묻지도 말고 말하지도 말라 Don't Ask Don't Tell: 동성애자의 군 복무를 제한하는 미군의 커밍아웃 금지 정책 – 옮긴이' 법을 부활시켜야 할 것 같다는 미셸 바흐만 Michele Bachmann 에게 동의하십니까? 이 법을 부활시켜야 할까요?

오도넬 (웃음) 저는 정책에 대해서는 말하지 않겠어요. 선거에 나가는 게 아니니까요. 미셸 바흐만에게 무슨 생각인지 물어보시죠. 선거에 나가는 후보자한테 물어보세요.

모건 왜 그렇게 예민하게 반응하시죠?

오도넬 예민하게 반응하는 게 아니에요. 전 선거에 나가는 게 아니고, 법안을 홍보하러 나온 것도 아니에요. 저는 책에 적힌 정책을 홍보하러 나온 거예요. 대부분 재정이나 헌법에 관련된 것이죠.

두 번의 대답을 하는 동안 오도넬은 "선거에 나가는 게 아니니까"

"정책에 대해서는 말하지 않겠"다고 했다가 "저는 책에 적힌 정책을 홍보하러 나온 거예요. 대부분 재정이나 헌법에 관련된 것이죠"라고 말한다. 하지만 두 대답은 명백하게 양립할 수 없다. 그녀는 다른 해명을 찾지 못한 채 자리를 떴고 이 때문에 인터넷상에서 곤욕을 치렀다.

일관되지 않은 진술에 대처하는 방법에 대해서는 3장에서 살펴볼 것이다. 다음으로 살펴볼 거짓 징후는 공격적 행동이다.

공격 모드 돌입

어떤 상황에 관한 사실로 코너에 몰리면 거짓말을 한 사람은 상당한 중압감을 받게 되고 어쩔 수 없이 공격하게 된다. 이러한 공격은 대부분 질문하는 사람의 신뢰도나 권한을 문제 삼는 형태를 취한다. "이 일을 한 지 얼마나 됐습니까?"라든가 "우리 조직에 관해 뭘 안다고 그럽니까?"라든가 "이런 일로 내 시간을 뺏는 이유가 뭡니까?" 등이 대표적인 예다. 그는 질문자가 한 발 뒤로 물러서 스스로 자신이 그런 질문을 할 자격이 있는지를 생각해보게 하려는 것이다. 아이들이 부모에게 추궁당할 때면 이 방법을 자주 사용한다. "왜 만날 나만 갖고 그래?"라거나 "왜 날 못 믿어?"와 같은 질문이 모두 이 범주에 속한다.

부적절한 질문

어떤 학파는 질문에 질문으로 대답하는 것이 거짓 행동이라고 주장하지만 우리는 꼭 그렇지만은 않다고 생각한다. 우리가 우려하는 것은 질문했을 때 돌아오는 질문이 애초의 질문과 직접적인 연관이 없는 형태를 띠는 상황이다.

필은 언젠가 도난당한 노트북을 찾는 조사에 참여한 적이 있었다. 그는 노트북이 있던 자리에 접근 가능했던 사람들을 면담하면서 한 사람 한 사람에게 물었다.

"노트북을 찾았을 때 거기 당신의 지문이 묻어있을 만한 이유가 있나요?"

면담한 몇몇 사람은 이렇게 되물었다.

"누구 컴퓨터였나요?"

"어느 사무실에 있었나요?"

완벽하게 합리적이고 합당한 질문들이었다. 하지만 한 젊은 남자는 한참을 아무 말 없이 있다가 이렇게 물었다.

"얼마짜리였나요?"

이 질문은 그가 받은 질문과는 아무 연관이 없었다. 하지만 그로서는 이유가 있었을 것이다. 그는 경범죄를 생각하고 있었을까 아니면 중죄를 생각했을까?

지나치게 짧거나 상세한 대답

거짓말하는 사람들은 완전히 상반되는 두 가지 방식으로 지나치게 구체적인 대답을 하기도 한다. 하나는 질문에 지나치게 기술적이거나 지나치게 한정적으로 답하는 것이다.

우리는 한 기업 CEO와의 인터뷰를 분석한 적이 있었다. 그에게 분기 영업 실적에 대해 물었을 때다. "물어봐주셔서 감사합니다. 우리의 국내 영업 실적은 예상을 웃돌았습니다." 하지만 실제 국내 영업 실적은 기업 총수익의 10퍼센트밖에 안 되는 것으로 나타났다. 3주 후 회사는 수익을 발표했는데 지난 분기에 비해 현격하게 저하된 수치였다. 국외 실적은 바닥이었다.

1992년, 〈60분 60 Minutes〉의 스티브 크로프트 Steve Kroft가 당시 주지사였던 빌 클린턴 Bill Clinton과 나눈 인터뷰도 유명하다. "(제니퍼 플라워즈 Gennifer Flowers가) 타블로이드 신문에 주지사님과 12년간 불륜을 저질렀다고 아주 세세하게 폭로했더군요." 클린턴은 이렇게 대답했다. "그 주장은 거짓입니다." 기술적으로 따지면 그는 옳았다. 플라워즈에 따르면 불륜은 12년이 아니라 11년 6개월간 이어졌던 것이다.

대답의 범위를 축소시켜 지나치게 한정적으로 대답하는 것과 정반대로, 거짓말을 하는 사람들은 엄청나게 세부적인 정보를 쏟아놓기도 한다. 왜 그러는 걸까? 사람들이 자신에 대한 상대방의 인식을 제어하기 위해 영향력 있는 거짓말 전략을 사용한다고 한 말을 기억하는가? 사람들은 후광 효과를 얻기 위해 질문한 것 이상의 많은 정보를 주곤 한다.

필이 CIA에서 내부적인 작전을 수행하고 있을 때였다. 그는 모든 조사관에게 직원을 상대로 다음과 같은 질문을 하도록 했다.

"이곳에서 당신은 무슨 일을 합니까? 당신의 일은 무엇입니까?"

물론 조사관들이 이를 모르고 인터뷰에 들어가진 않았을 것이다.

일종의 테스트였다. 우리는 진실한 사람은 이러한 질문에 간결하게 대답하는 경향이 있다는 사실을 알아냈다. "저는 요원을 관리합니다" 라거나 "저는 분석가입니다"라고 말이다.

하지만 거짓말하는 사람은 자신에 대한 조사관의 인식을 제어하기 위해 구체적인 정보와 함께 자기 일을 설명하는 경향을 보였다. 흥미로운 것은 그들이 말하는 내용은 모두 사실이란 점이다. 하지만 그 목적은 후광 효과를 얻으려는 것이었다.

과도한 정중함

물론 친절하다는 이유만으로 사람을 의심하는 것은 아니다. 하지만 질문에 답을 하다가 갑자기 이전보다 친절한 태도를 보인다면 여기에는 다른 의도가 있다. 예를 들어 인터뷰 도중 그런 표현을 안 쓰다가 특정 질문에 "네, 부인"이란 말을 할 수 있다. 혹은 대답을 하다가 갑자기 칭찬이 튀어나오기도 한다. "그런데 넥타이가 정말 멋지군요." 여기서 기억해야 할 것은 우리가 누군가를 좋아하면 그만큼 그를 믿게 되고 되도록 갈등을 피하려 한다는 점이다. 상대는 호감을 사기 위해 예의를 차리는 것이다.

시니컬한 반응

사실이 자신에게 불리하면 빠져나갈 구멍을 파고 그 구멍으로 들어간다. 이런 위치에 놓인 사람은 자신에게 좋을 일이 별로 없으므로 사안의 중요성을 헐뜯는 전략을 사용할 수 있다. 대개는 사안이나 절차 중 하나에 초점을 맞춰 "이게 뭐가 그렇게 중요합니까?" 혹은 "그게 뭐라고 다들 야단법석입니까?"라고 질문을 던짐으로써 질문자와 동등한 위치에 서려고 한다. 심지어는 정말 부적절하게 사안에 대해 농담을 할 수도 있다.

과정 혹은 절차에 대한 문제 제기

가끔은 반드시 직접적인 공격을 하지 않더라도 절차상의 문제를 제기하며 방어보다는 공격의 자세를 취할 수 있다. "왜 내게 묻는 겁니까?", "조사가 얼마나 오래 걸릴까요?"와 같은 질문이 이 범주에 들어간다. 이는 질문 반복하기나 미응답 진술처럼 시간을 끌려는 전략이거나, 조사의 방향을 다른 쪽으로 바꾸려는 시도일 수도 있다.

질문의 범위를 축소함

우리는 질문을 던질 때 특정 단어나 표현을 사용해서 질문의 범위와 규모를 규정하는 경계선을 설정하기도 한다. 질문 안에서 어떤 특정 어휘가 부담스럽게 느껴지면 상대는 질문자의 표현과 용어를 바꾸게 하는 전략을 사용할 수 있다. 목표는 질문의 범위와 규모를 축소하고 질문을 유리하게 해석하여 질문자와 자신을 동시에 만족하게 할 대답을 하는 것이다.

아마 가장 널리 알려진 예가 빌 클린턴이 모니카 르윈스키^{Monica Lewinsky} 사건으로 특검 조사를 받던 1997년 8월에 한 증언일 것이다. 조사 과정에서 클린턴의 변호사가 했던 발언이 언급되었다.

"변호인단은 르윈스키 양이 그 어떤 방식이나 형태, 형식으로든 클린턴 대통령과의 성관계는 절대 없다고 한 선서진술서를 제출했고 가지고 있다는 것을 잘 알고 있습니다."

클린턴은 이 발언이 거짓이었는지 묻는 질문을 받았다. 그의 유명한 대답은 이랬다.

"그건 '없다'는 말의 뜻에 달렸습니다. '없다'는 것이 '현재 없고 과거에 있었던 적이 없다'는 뜻이면 거짓이겠고 '지금 없다'는 뜻이라면 완전히 진실입니다."

클린턴은 질문에 담긴 표현의 규모에 스스로 발목이 잡혔고, 따라서 자신이 거짓말을 하지 않아도 되도록 질문의 범위를 축소해야 했던 것이다.

참조 진술

거짓말하는 사람은 질문을 받으면 앞서 했던 대답을 다시 꺼내곤 한다. "아까 …라고 했던 말을 참조하라고 말씀드리고 싶군요", "다른 분께 말씀드린 것처럼…", "우리 회사에서 제출한 자료에서도 거듭 언급했듯이…"라는 식이다. 여기서 중요한 것은 신뢰도 쌓기다. 이는 아주 감지하기 힘들지만 사람들의 생각보다 훨씬 강력한 전략이다. 상대가 아주 진실하다고 믿지는 않더라도 진실할 수도 있다는 쪽으로 더 마음을 열게 할 수 있는 심리적 도구가 바로 반복이다.

어느 이름 없는 식당에 친구와 앉아 있다고 가정해보자. 화장실에 갔던 친구가 아주 놀란 표정으로 돌아온다.

"내가 하는 말이 믿기지 않을 거야. 그런데 저쪽 방에 엄청난 사람들이 있어!"

그러면서 친구는 이름을 하나씩 나열하기 시작한다.

"조니 뎁 Johnny Depp, 고든 램지 Gordon Ramsay, 제이미 폭스 Jamie Foxx, 맷 데이먼 Matt Damon, 매슈 매커너히 Matthew McConaughey, 데이비드 베컴 David Beckham, 리어나도 디캐프리오 Leonardo DiCaprio, 크리스천 베일 Christian Bale, 덴젤 워싱턴 Denzel Washington, 조지 클루니 George Clooney, 라이언 레이놀즈 Ryan Reynolds, 휴 잭맨 Hugh Jackman, 스티븐 타일러 Steven Tyler, 윌 스미스 Will Smith, 피어스 브로스넌 Pierce Brosonan…."

"그래, 그렇구나."

"아니, 진짜라니까! 바로 저기 있어! 내가 봤다고!"

친구가 환영을 본 건지는 알 수 없지만, 그 사람들이 모두 옆방에 있을 리 없다는 것은 알고 있다. 당신은 친구에게 와인 잔은 멀리 치우는 게 좋겠다고 말한다.

"진짜라니까 그러네. 그 사람들이 여기 있다니까. 저 방에. 이유는 모르지만 어쨌든 있어."

이쯤 되면 슬슬 궁금해지기 시작한다. 그들이 없을 거라고 확신하면서도 테이블에 둘러앉아 있는 그들의 모습을 상상하기 시작한다.

"가서 봐!"

친구가 말한다. 결국, 당신은 항복하고 일어나 옆방을 보러 간다.

당신은 방금 참조 진술의 위력을 경험한 것이다. 단순한 반복이 당신을 무너뜨렸다. 많은 상황에서 한 번의 주장은 큰 효과가 없다.

하지만 두 번, 세 번, 계속해서 주장이 이어지면 저항과 불신이 수그러들면서 정말 믿을 만한 주장일지도 모른다는 가능성의 문이 스르르 열리게 된다. 1939년, 프랭클린 루즈벨트 Franklin D. Roosevelt가 했던 말을 기억하라.

"반복한다고 해서 거짓이 진실이 되지는 않는다."

이 밖에 참고할 만한 참조 진술로는 다음과 같은 것들이 있다.

"지난 회의 때 말했듯이…"

"보고서에 설명되어 있듯이…"

"마지막으로 그 질문을 했던 남자에게 얘기한 것처럼…"

종교 들먹이기

상대가 방정식에 신을 포함시킨다면 그는 심리학자들이 '거짓말 치장하기 dress up the lie'라 부르는 극단적 형태를 취하고 있는 것이다. 그리고 이 전략은 매우 효과적일 수 있다. 무엇보다 당신에겐 신을 이길 만한 그 무엇이 준비되어 있는가? 없다면, 상대가 "신에게 맹세하는데…"라거나 "신이 저의 증인입니다"라고 말하면 그게 어떤 의미인지 잘 알고 있어야 한다. 이는 거짓말을 내놓기 전 가장 그럴싸하게 치장하려는 것이다.

종교 들먹이기의 대표적인 예는 다음과 같다.

"신에게 맹세하는데…"

"알라가 나의 증인이듯…"

"성경에 대고 맹세하건대…"

"신만이 나의 진심을 아실 거야."

선택적 기억

"기억이 안 납니다"라는 말은 눈에 보이는 확실한 증거가 없다면 반박하기 어렵다. 이는 깨뜨리기 힘든 심리적 알리바이다. 선택적 기억의 또 다른 문제는 정당한 경우가 많다는 것이다. 사원이 2만 5,000명쯤 있는 기업의 CEO에게 질문한다고 해보자.

"지난 12개월 동안 사기를 저지른 직원이 있습니까?"

만약 그가 단호하게 "아니요"라고 답한다면 조금 이상할 것이다. 그가 알 도리가 없기 때문이다. 더 합당한 대답은 이런 것이다.

"제가 아는 한에는 없습니다."

하지만 다른 상황에서라면 이 대답은 주목할 필요가 있다. CEO에게 그가 지난 12개월간 사기를 저지른 적이 있는지 물었을 때 이런 대답이 돌아온다면 반드시 더 자세히 추적해봐야 한다. 상대의 대답이 선택적 기억 전략인지 규명하려면 문맥이 특히 중요하다.

다음과 같은 응답이 나오면 선택적 기억을 의심해야 한다.

"제가 기억하기로 아닙니다."

"내가 아는 한에서는…"

"내가 알기에는 아닙니다."

"내가 알기로는…"

진실을 감추는 수식어구

거짓 징후로 볼 수 있는 수식어구에는 배제 수식어구와 인식 수식어구 두 종류가 있다. 배제 수식어구는 특정 정보를 끝까지 내놓지 않으면서도 질문에 진실하게 대답하려는 경우 사용할 수 있다. 예를 들면 '기본적으로', '대부분은', '근본적으로', '아마도', '대개는' 등이 있다. 인지 수식어구는 신뢰도를 높이기 위해 사용된다. '솔직하게 말하면', '추호의 거짓도 없이', '까놓고 말해' 등이 그 예다.

사람에겐 각자의 언어 습관과 방식이 있으므로 이를 전략적 수식어구와 혼동해서는 안 된다. 따라서 클러스터 규칙을 기억해야 한다. 또한 전략적 수식어구가 나올 때마다 이를 서로 다른 거짓 징후로 판단해서도 안 된다. 대답에 포함된 여러 수식어구는 하나의 거짓 징후로 생각해야 한다. 하나의 대답에 아주 많은 수식어구가 나올 수도 있다. 배제 수식어구를 다루는 방법은 나중에 다시 살펴볼 것이다.

언젠가 마이클은 작은 회사의 경리였던 젊은 여성이 연루된 사건을 조사한 적이 있다. 그녀는 수표에 자신의 이름을 쓰고 사장의 서명을 새긴 고무도장을 찍어 7,500달러 이상을 빼돌렸다는 혐의를 받고 있었다. 혐의를 받자 그녀는 사장이 탈세를 감추고자 이중장부에 대해 입을 다무는 대가로 준 돈이라고 말했다. 하지만 사장은 이를 부인했고 경리를 경찰에 고발했다. 여기 마이클과 경리의 인터뷰 일부를 소개한다.

마이클 그(사장)가 "이제 (이중장부에 대해) 알았으니 입만 다물고 있으면 섭섭하지 않게 해주지"라고 말한 부분에 대해 얘기해보세요.
경리 음, 기본적으로 뭔가를 더 준다고 했어요. 수당이든, 인사고과 점수이든요. 기본적으로, 더 깊이 얘기하진 않았지만, 기본적으로 그랬어요."

그녀는 얘기하는 동안 말을 지어내고 있던 게 분명했다. 그리고 결국에는 사실을 실토했다. 당시 그녀는 다른 죄로 받은 집행유예 기간을 한 달여 남겨놓고 있었다. 이제 그녀는 기본적으로 감옥행을 기다리게 됐다. '기본적으로' 말이다.

다음은 대표적인 배제 수식어구와 인식 수식어구이다.

배제 수식어구

"꼭 그렇지는 않지만…"

"본질적으로…"

"기본적으로…"

"대부분은…"

"아마도…"

"대개는…"

"어쩌면…"

"많은 경우에…"

인식 수식어구

"솔직히…"

"사실을 말하자면…"

"터놓고 말해서…"

"한 치의 거짓도 안보태고…"

"진심으로…"

"진실로…"

설득력 있는 진술

이 장의 서두에서 특히 강력하다고 말했던 영향력 있는 거짓말은 우리가 '설득력 있는 진술'이라 부르는 형태를 띠고 나타난다. 이것은 너무나 강력해서 더 깊이 다룰 필요가 있다. 이어지는 글에서 살펴보자.

자칫하면 걸려들기 쉬운 가장 강력한 거짓말

"거짓말은 진실 자체보다 한층 논리적으로 들리게 만들어라. 그리하여 지친 나그네들이 쉴 곳을 찾을 수 있게 하라."
— 체슬로 밀로츠 Ceslaw Milosz

:: "나 같은 사람이 그럴 리가…" 하는 사람들

이 분야 종사자라면 누구나 그렇겠지만, 우리 역시 속이 뒤집힐 만한 사건들을 다룰 만큼 다뤄봤다. 하지만 이 장에서 '오스카'로 지칭하게 될 한 남자의 사건은 그중 단연 최고라고 말해도 무리가 없을 것이다. 필은 아동 성추행 혐의로 조사를 받고 있던 GS-15^{미국 공무원 직급의 하나로, 우리나라의 과장급에 해당함-옮긴이} 직급 공무원 오스카를 인터뷰하게 됐다.

필이 아동을 성추행한 적이 있는지 묻자 오스카는 필을 쏘아보며 검지를 좌우로 까닥거리더니 "젊은 양반, 내가 왜 그런 짓을 하겠소"라고 말했다. 그러더니 "그건 변태들이나 하는 짓인데 나는 변태가 아니라오"라며 화가 난 듯 식식거렸다. 하지만 필은 동요하지 않았다. 그는 주위를 압도하는 차분한 어조로 다음과 같이 대답했다.

"이보세요. 마침 제게도 어린 사내아이가 둘 있습니다. 솔직히 당신이 변태라고 생각했다면 이 방에 함께 앉아 있지 못했을 것 같습니다."

오스카는 어리둥절한 표정이었다. 전혀 예상치 못한 반응이었던 것이다. 목소리가 높아지면서 거친 말이 오가리라 예상했건만 생각지도 못한 동조를 얻어낸 것이다. 필은 즉시 태도를 바꿔 본격적인 심문에 들어갔다.

"자, 최근에 혼자서 이 아이들과 함께 있었던 적은 언제인가요?"

오스카는 결국 수백 명의 아동을 성추행했음을 시인했다. 범행 대상을 물색하러 주로 찾는 곳을 묻는 말에 그가 내놓은 대답은 소름이 돋을 정도였다. 그는 아이들이 좋아하는 인기 피자 아케이드 체인점을 즐겨 찾는다고 대답했다.

오스카가 필의 질문에 내가 왜 그런 짓을 하겠냐고, 변태도 아닌 자신이 왜 변태들이나 하는 그런 짓을 하겠냐고 대답했을 때 오스카는 설득력 있는 진술을 이용한 것이다. 사실대로 말하면 자신이 불리해지기 때문에 말할 수 없다면, 진실한 정보를 전달하기보다는 질문자에게 무엇인가를 납득시키는 데 주안점을 둔 진술로 답변을 대신할 가능성이 아주 높다.

　누군가가 당신에게 "없어진 돈을 당신이 가져갔습니까?"라고 물었다고 해보자. 당신은 정직하고 돈을 가져가지 않았기 때문에 분명 "아닙니다!"라고 대답할 것이다. 그것이야말로 그 순간 당신의 머릿속에 떠오른 가장 중요한 단 하나의 사실이기 때문이다.

　하지만 죄가 있는 사람은 "아니요"라고 대답할 수도, 그렇지 않을 수도 있지만 사실대로 말하면 자신에게 불리하다는 걸 알기에 아마도 당신을 설득할 만한 다른 정보를 제시할 수밖에 없을 것이다. "내가 왜 그런 짓을 해요?"라든가, "정직하지 못한 행동이군요. 저는 그런 사람이 아니에요"라든가, "다른 사람들한테 물어봐요. 제 근무 평가서를 보든가요"라든가, "나는 사람들에게 평판이 좋아요"라든가, "제가 직장에서 쫓겨날 위험을 무릅쓰고 그런 짓을 했을 거라 생각하세요?"와 같은 반응을 보일 수 있다.

　혹시 이런 반응들이 너무나 명백한 적신호여서 놓칠 리가 없다고 생각할 수도 있다. 그러니 확신하건대, 곰자 뉴느에 들어가서 모델을 사용하지 않는 이상 아무리 똑똑한 사람이라도 이 설득력 있는 진술에 속수무책으로 당할 것이다. 그 이유는 말 그대로 이 진술들이 너무나 '설득력 있기' 때문이다. 대부분 완벽하게 합리적이고 이치에 맞는 얘기여서 구분해내기가 굉장히 어려울 수 있다. 이런 진술을 들으면 '저런 질문을 받는다면 나라도 저렇게 대답하겠어'라고 생각할 수도 있다.

　충분히 그럴 수 있다. 차이점이 있다면 거짓말하는 사람에게는 이러한 진술 하나를 제외한 다른 진술은 없을 가능성이 매우 높고, 정직한 사람에게는 '나는 그런 짓을 하지 않았다'는 솔직한 진술을 포함하여 대답할 수 있는 진술이 둘 이상 있을 수 있다는 것이다. 거짓말하는 사람은 다른 선택이 없기 때문에, 그리고 사실대로 말하면 자신이 불리해지기 때문에 설득력 있는 진술들을 연이어 내놓게 되는 것이다.

이러한 행동을 보여주는 몇 가지 사례를 살펴보자. 몇 년 전 필은 경찰관 그룹을 대상으로 교육하면서 설득력 있는 진술에 관해 이야기하고 있었는데 그때 교실 뒤쪽의 두 경관이 낄낄거리며 잡담하는 모습이 눈에 들어왔다. 이 수업에서는 늘 재미난 일들이 많이 벌어지는 터라 필은 말을 하다 말고 깐깐한 여교사 말투를 흉내 내며 두 경관에게 "재미있는 이야기는 다른 사람들과도 함께 나누면 어떻겠어요?"라고 물었다. 그중 한 경관이 들려준 이야기는 이러했다.

역시 같은 수업을 듣는 동료 중 하나가 시내에서 절도 사건을 조사하고 있었다. 한 여성이 직장에 있는 동안 수리공이 아파트 파이프 누수를 수리하러 왔었는데 그날 집에 가 보니 보석 몇 가지가 없어졌다는 것이었다. 사건을 조사하던 경관은 수리공을 포함해 아파트를 드나들 수 있는 모든 사람을 심문했다. 수리공에게 보석을 가져갔느냐고 묻자 그는 이렇게 대답했다.

"이 일을 한 지 20년째입니다. 이제 은퇴할 날이 얼마 남지 않았어요. 그런 내가 보잘것없는 보석 때문에 내 연금을 날리겠습니까?"

낄낄거리며 웃던 두 경관은 사건을 담당했던 그 친구가 수리공의 대답이 너무 합리적이라 생각하고 수리공을 용의선상에서 제외했다고 말했다. 필은 해당 경관을 바라보며 물었다.

"지금도 그때와 같은 생각인가요?"

"아니요, 내일 당장 수리공을 찾아가야 할 것 같습니다."

그즈음 우리는 사우스캐롤라이나 법집행부에서도 교육을 하고 있었다. 수업을 듣던 경관 중 하나가 마침 그 유명한, 더 정확히 말하자면 악명 높은 수잔 스미스Susan Smith가 살았던 사우스캐롤라이나의 유니언이라는 작은 도시 출신이었다. 1994년, 어린 두 아들을 차 안에 묶은 채 호수에 빠뜨려 죽게 만든 비극적인 사건이 일어난 도시였다. 처음에는 어떤 남자가 자신의 차를 훔쳤다고 주장했던 수잔 스미스는 9일 후 범행을 자백했다.

설득력 있는 진술에 대해 논의한 뒤, 쉬는 시간에 당시 조사 내용을 잘 알고 있던 경관이 우리에게 다가왔다.

"그녀가 첫 심문 때 조사관들의 수사에 혼선을 일으키는 데 완벽한 성공을 거두었다는 걸 처음으로 이해하게 된 것 같습니다."

경관의 말에 따르면 수잔은 자녀들의 실종과 조금이라도 관련이 있는지 묻는 질문에 "전 아이들을 사랑해요. 엄마가 아이들에게 해가 될 일을 왜 하겠어요? 절대 그런 짓은 하지 않아요"라고 말했고, 그 말을 듣는 순간 수사관들은 경험 많은 전문가들이었음에도 불구하고 수잔이 실종 사건과 아무 관련이 없다고 믿었다는 것이다.

:: 설득력 있는 진술이 무서운 이유

설득력 있는 진술은 세 가지 이유에서 굉장히 효과적이다. 수잔의 예를 보자. 첫째, 설득력 있는 진술이 다 그렇듯이 수잔의 진술은 절대 반박할 수 없는 진실이었다. "전 아이들을 사랑해요"라는 수잔의 말은 어느 수준까지는 진실일 것이다. "절대 그런 짓은 하지 않아요"라는 말은 가슴 아프지만 진실이 아니었다. 하지만 당시에는 그녀의 이러한 진술을 반박할 수 없었다.

둘째, 설득력 있는 진술은 대개 감정을 동반한다. 이 사건에서 담당 경관은 수잔이 그러한 진술을 하면서 수사관들에게 눈물이 그렁그렁한 모습을 보였다고 말했다. 감정은 곧 유죄의 표현이다. 감정 그 자체는 반드시 진실이어야 하는 것도, 거짓이어야 하는 것도 아니다. 하지만 진실하지 못한 사람들은 좀 더 효과적인 거짓말을 위해 감정을 이용한다.

셋째 요인은 진술이 조사관의 편견과 일치했다는 점이다. 다음 같은 말은 흥미로웠다.

"경험상 엄마가 그냥 애들을 죽일 리는 없어요. 더군다나 유니언에는 그런 엄마는 없어요."

"그렇다면 엄마가 애들을 죽이는 곳은 어디죠?"

필이 물었다.

"왜, 있잖아요. 뉴욕이나 LA, 시카고 같은 데요."

경찰관조차도 평범한 사람들과 마찬가지로 잘못된 생각을 일반화

할 수 있다.

수식어구와 달리 설득력 있는 진술은 그 하나하나를 별도의 거짓 징후로 본다. 따라서 두 개의 설득력 있는 진술이 하나의 클러스터를 이룰 수 있다. 설득력 있는 진술은 그만큼 강력한 것이다.

:: 설득력 있는 진술 무효화시키기

설득력 있는 진술을 물리치는 방법은 이를 무효화시키는 것이다. 쉽게 말해 설득력 있는 진술을 인정하거나 받아들이는 방법으로 효과를 떨어뜨리는 것이다. 물론 행동에 대한 인정과는 구분해야 한다. 수잔 스미스의 예에서는 다음과 같은 말로 설득력 있는 진술을 인정할 수 있다.

"수잔, 당신이 아이들을 사랑하는 거 압니다. 그건 누가 봐도 분명한 사실이라 생각해요."

그녀는 아주 잠깐 '내가 아이들을 납치했어'라고 생각할 수도 있다. 하지만 그다음 단계에서는 요점을 잃지 말고 원래 가려던 방향으로 계속 나아가야 한다.

"수잔, 이제 어떻게 된 일인지 얘기해줬으면 해요. 당신의 이야기를 다시 한 번 듣고 싶어요."

여기서 전달된 메시지는 이렇다.

"우리는 당신에게 질문했습니다. 우리는 당신의 이야기를 들었지만 당신의 이야기는 지금부터 나누려는 대화와는 아무런 상관이 없었습니다."

이 방법의 장점은 상대방의 레이더망을 피해 이 메시지를 전달한다는 것이다. 레이더 안에서는 "잠시만요, 수잔. 당신 말을 믿지 못하겠군요. 어떻게 그런 터무니없는 거짓말을 하지요?"와 같은 말이 될 것이다. 하지만 이런 말은 곧장 방어기제를 자극해 상대의 말문을 닫아버린다. 우리가 하는 일은 수잔이 우리에게 마음을 열게 하는 것이다.

이 전술은 굉장히 강력하고 효과적이다. 부모가 자녀와 애기할 때나 고용주가 피고용인과 대화할 때, CIA 요원이 테러리스트와 애기할 때도 마찬가지다. 특히 자녀와 마약 복용에 관해 애기할 때가 된 부모라면 먼저 곱자 모드로 들어가야 한다는 점과 설득력 있는 진술에 특히 주의해야 한다는 점을 명심해야 한다.

우리의 경험으로 볼 때 마약 경험이 있는 십 대들은 부모와 대면할 때 설득력 있는 진술을 이용하는 경향이 뚜렷하다. 자녀가 마약 경험이 없다면 마약을 하느냐는 질문에 십중팔구 "절대 아니에요!", "말도 안 돼요!" 같은 반응을 보일 것이다. 마약을 사용한 적이 있는 자녀는 마약 사용을 부정하기보다는 다음과 같은 설득력 있는 진술에 기댈 가능성이 높다.

"제가 마약을 한다고 생각하시다니 믿기지가 않아요!"
"그런 생각을 할 만한 짓은 하지 않았잖아요!"

"왜 절 못 믿으세요?"

"친구인 조시가 들켰다는 이유만으로 절 의심하시네요!"

이 밖에 대표적인 설득력 있는 진술들은 아래와 같다. 특히 자녀와 대화를 시도할 때 적절하게 사용할 수 있는 질문 유형은 부록 1에 자세하게 수록해 놓았다.

"아무도 제 정직함을 의심하지 않을 겁니다."
"난 평판이 좋습니다."
"난 정직한 사람입니다."
"목숨을 걸고 맹세합니다."
"성격상 그런 짓은 하지 않습니다."
"난 항상 옳은 일만 하려고 노력합니다."
"난 절대 직장을 잃을 위험을 무릅쓰면서 그런 짓을 하지 않습니다."
"어떻게 이런 일에 제가 가담했을 거라고 생각하실 수 있습니까?"
"여기서 일한 지 20년이 넘었습니다."
"난 당신을 사랑해. 당신에게 상처 주는 일은 절대 하지 않아."

거짓말하는 자의 분노

"분개한 사람만큼 대담하게 거짓말하는 사람은 없다."
— 프리드리히 니체 Friedrich Nietzche

:: "너무 감사하다고, 이 멍청이야"

2006년 4월 10일, 엔론 Enron Corporation의 전 CEO였던 제프리 스킬링 Jeffrey Skilling은 휴스턴 지방법원에서 열린 자신의 재판에 증인으로 서게 됐다. 그는 공모, 사기, 내부자 거래를 비롯하여 지금은 사라진 에너지 회사의 어마어마한 파산에 뒤이은 감사 과정에서 허위로 진술한 혐의 등으로 기소됐다. 하지만 그는 무죄를 주장했다.

서기가 선서문을 읽는 동안 스킬링은 오른손을 들고 있었다.

"증인은 신의 도움을 받고자 진실을, 모든 진실을, 오직 진실만을 말할 것을 엄숙히 맹세합니까?"

스킬링은 "맹세합니다"라고 대답하고 자리에 앉았다. 앞에서 다룬 선서문의 포괄적인 성격과 스킬링이 할지 모를 모든 거짓말의 종류, 즉 노골적 거짓말, 생략에 의한 거짓말, 영향력 있는 거짓말을 떠올려보자. 선서할 때 스킬링의 머릿속에 어떤 생각이 스쳐 갔을지를 떠올려보는 것도 흥미로울 것이다. 그는 궁지에 몰린 기분이었을까? 아니면 자신에게 불리한 사실과 어마어마하게 큰 대가 때문에 걱정이 되었을까? 그 탓에 자신을 곤경에 빠뜨린 이들에게 달려들 듯 행동했던 걸까?

스킬링은 배심원단에게 "마녀 사냥이 시작된 겁니다. 사람들은 돈을 잃었습니다. 직장을 잃었습니다. 이런 상황에서 가장 쉬운 일이 마녀를 찾는 일이지요"라고 말했다. 하지만 배심원단은 흔들리지 않았다. 45일 후, 그는 공모 혐의 1건, 내부자 거래 1건, 감사 과정의 허위 진술 5건, 증권사기 12건이 유죄판결을 받았고 징역 24년 4개월과 벌금 4,500만 달러를 선고받았다.

증인석에 서기 5년 전, 이미 그는 불안의 징후를 보이고 있었다. 2001년 4월 17일, 분석가들과 기자들이 참석한 전화 회의에서 보스턴의 하이필드 자산 관리 Highfields Capital Management 경영자 리처드 그루브먼 Richard Grubman 은 스킬링에게 대차대조표와 함께 손익계산서를 발표하지 않은 것을 따지고 들었다.

"분기 실적만 내놓고 대차대조표나 현금흐름표는 내놓지 않는 금

융기관은 당신 회사뿐이군요."

"네, 감사합니다. 너무 감사하다고. 이 멍청이야."

스킬링이 대답했다.

의심의 여지없이 그날 스킬링의 머릿속에서는 엔론에서 벌어지고 있는, 대답할 수 없거나 대답하고 싶지 않은 일들에 대한 수많은 생각이 스쳐 지나갔을 것이다. 그로부터 8개월이 채 지나지 않은 2001년 12월 2일, 엔론은 파산보호신청을 했다.

스킬링은 자신이 느끼는 대로 삶이 흔들리고 있다는 것을 알아챘을 것이다. 심각한 결과를 초래할 현실적인 시나리오를 그려보기도 했을 것이다. 스킬링이 전화 회의와 증인석에서 보여준 공격적인 행동은 거짓을 가리키는 아주 강력한 징후가 될 수 있다. 상황이 절망적일수록 공격적인 모습을 나타낼 가능성도 크다. 그러니 질문을 던지고 이런 반응이 돌아온다면 상대가 그 질문에 특히 많은 부담을 느낀 것이니 더욱 주의 깊게 살펴봐야 한다.

:: 궁지에 몰리면 공격 본능이 살아난다

앞에서 살펴본 거짓말 신호들 중에 '시니컬한 반응'이 있었다. 앞서 말했듯이 사실대로 얘기하면 불리해질 경우 상대는 지나치게 무신경한 태도를 보임으로써 사태의 심각성을 감소시키려는 전략을 구사한다. 몇몇 사례에서는 이것이 공격의 형태로 나타나기도 했다.

2003년 1월 28일, 방송언론인 다이안 소여$^{Diane\ Sawyer}$는 임신한 아내 라시^{Laci}를 살해한 죄로 유죄판결을 받은 캘리포니아 모데스토^{Modesto}의 스콧 피터슨$^{Scott\ Peterson}$을 인터뷰했다. 이는 지난 10년간 이목이 가장 많이 집중된 살인 사건 가운데 하나였다. 다이안 소여는 단도직입적으로 모두가 묻고 싶었던 질문을 던졌다.

"아내를 살해했나요?"

피터슨은 대답했다.

"아뇨. 아녜요. 안 그랬어요."

하지만 이상하게도 그는 말을 하며 미소를 지었다. 속을 뒤집는 질문에 이처럼 부적절하게 반응하는 것은 이해하기가 쉽지 않다.

이러한 행동을 만들어내는 심리적 요인은 아주 복잡하다. 우리의 경험에 의하면 피터슨이 보여준 것과 같은 반응의 주요 요소는 공격적 행동이라는 형태다. 그처럼 악랄한 범죄에 대한 질문에 답하면서 미소를 보였다는 것은 질문자를 공격하려는 의도를 띤 경멸과 비아냥거림의 표현일 수 있다.

공격적 행동은 위협의 형태로 나타날 수 있고, 이때의 위협은 심각한 경우 자해를 동반할 수도 있다. 우리는 CIA에서 거짓말 조사 업무를 할 때 이를 목격했다. 결과에 따라 엄청난 파장이 예상된 터라 거짓말 조사과의 분위기는 유독 긴장되어 있었다. 피조사자에게 거짓말 탐지기를 사용하려면 먼저 사전 인터뷰를 거쳐야 한다. 거짓말 탐지 과정에서 주목해야 할 사안을 미리 살펴보는 것이다. 이를 통해 피조사자가 자신의 대답에 확신을 가졌는지 확인할 수 있고, 피조사자에게 질문과 직접 관련 있을 수 있는 것들을 다 털어놓을 기회를 주거나 사소한 문제들을 얘기할 수 있는 여지를 줄 수 있다. 이 사전 인터뷰에서는 국가 안보를 비롯하여 개인의 생명이 달린 문제에 관해 피조사자의 말을 믿어도 되는지 판단하기 위해 더없이 민감하고 개인적인 문제가 다뤄진다. CIA를 위해 일하고자 하는 사람에게도 피조사자로서 치러야 하는 사전 인터뷰는 아주 불편한 절차다.

수잔은 조사 중에 보인 반응 때문에 한 여성을 네 번이나 인터뷰했던 적이 있었다. 인터뷰가 진행될수록 여성은 점점 더 흥분했고, 결국 수잔이 물러서지 않으면 정보부 건물 7층 난간에서 뛰어내리겠다고 위협했다. CIA 밖에서 수잔을 아는 사람들은 대부분 수잔을 평범한 엄마라고 생각했다. 하지만 수잔에게 한 번이라도 조사를 받아본 사람들은 그녀를 '금발로 탈색한 고문의 여신'이라 불렀다.

그런 상황에서 가장 많이 나타나는 공격적 행동은 직접적인 비난이다. 수잔은 거짓말 조사관이 되기 전에 했던 어떤 일 때문에 관례대로 요원 관리자를 조사하는 일을 배정받았다. 한 남자 요원 관리자를 사전 인터뷰하면서 수잔은 그가 타국이나 다른 정보부와 접촉한 일이 있는지 등의 일반적인 질문을 던졌다. 하지만 이 질문이 요원 관리자를 분노케 했다. 그는 수잔을 향해 불같이 화를 내며 그녀는 요원 관리자의 삶과 자신들이 겪는 일을 절대 이해할 수 없을 거라고 비난을 쏟아부었다. 수잔은 동요하지 않았다. 그녀는 거짓말 탐지기를 연결하지도 않았다. 하지만 사전 인터뷰가 끝나기 전에 요원 관리자는 최근에 타국 정보부에서 일하는 여자와 성관계를 가졌다고 털어놓았다.

:: 정치인이 인터뷰에 임하는 자세

이제 더 긴 시간 동안의 자극-반응 상황에서 이 같은 공격적 행동이 어떻게 나타나는지 좀 더 자세히 알아보자. 앞에서도 보았듯이 전 델라웨어 상원 후보였던 크리스틴 오도넬은 자신의 책을 홍보하기 위해 CNN 〈피어스 모건 투나잇〉에 출연했다. 앞에서는 오도넬의 일관되지 않은 발언을 살펴보았는데 이번에는 공격적인 행동을 중점적으로 살펴보자.

인터뷰가 한창 진행 중일 때 모건은 오도넬이 출연해 자위를 반대한다고 밝힌 1996년 MTV 다큐멘터리를 화제로 삼았다. 모건은 그때 이후로 의견이 변하지는 않았는지 물었다. 모건의 스튜디오와 떨어져 있는 다른 스튜디오에서 영상을 통해 인터뷰했던 오도넬은 책에서 다큐멘터리에 대해 다뤘고 책 안에 그때 왜 그렇게 공개적으로 사안을 들고 나와야 했는지 설명되어 있다고 대답했다. 모건은 금욕과 탐욕에 관한 오도넬의 다른 발언들을 언급하며 대화를 동성결혼과 '문지도 말고 말하지도 말라' 정책으로 이끌었다. 당시의 대화를 공격적 행동에 주의하며 살펴보자.

모건 이쯤에서 당연하게 나올 수밖에 없는 질문인데요. 그러니까 어느 정치인에게나 굉장히 관련이 깊은 질문입니다.

오도넬 (말을 끊으며) 책에서 다 말했어요.

오도넬은 처음부터 공격적 자세를 취했다. 말을 끊은 이유는 모건이 꺼내려는 질문을 사전에 차단하기 위해서였다. 이 정중하지 못한 행동은 모건에 대한 공격이자 그의 인터뷰 전략과 진행에 대한 공격이었다. 이는 오도넬이 모건의 질문을 통해 자신의 정치적 위치가 곤경에 빠지는 일을 두려워한다는 사실을 강하게 보여준다. 결과적으로 그녀는 자신이 인터뷰의 통제권을 가지려 시도하고 대화 주제는 자기 뜻대로만 하겠다는 메시지를 모건에게 전달하려 한다.

모건 예를 들면 동성결혼에 관해서는 어떻게 생각하십니까?

오도넬 책에서 이미 다 다뤘어요. 제가 여기 나온 것은…

모건 (말을 끊으며) 그 잘난 책을 홍보하러 나오셨겠죠. 그러니까 계속 "책에 다 있어요"라고만 하면 안 된다는 겁니다. 여기서 다시 말씀해 주셔야죠.

오도넬 저는 책에 관해 얘기하려고 나온 거예요.

모건 네, 책에 관해 얘기하는 거예요. 계속 "책에 다 있어요"라고만 하시잖아요. 그 책의 내용에 대해 말해달라는 겁니다.

오도넬 왜 오바마를 비판한 '우리의 최고 추종자 Our Follower in Chief' 장의 내용에 대해선 질문하지 않으시죠? 왜 다른…

모건 지금은 당신이 동성결혼을 지지하는지가 궁금하기 때문이죠.

오도넬 무례함이 선을 넘으신 것 같군요. 아시죠? 저도 분명…

모건 진심이세요?

오도넬 저도 분명 책에서 말하려 했던 사안에 대해 말하고 싶어요.

이 시점에서 오도넬은 모건이 '무례하다'고 말함으로써 직접적인 공격을 하고 있다. 동시에 "저는 책에 대해 얘기하려고 나온 거예요"라는 말은 그녀가 이전에 했던 말과 명백하게 모순된다. 책에서 다룬 내용에 대해선 말하지 않겠다고 했기 때문이다. 모건이 동성결혼 문제를 끝까지 고수하자 오도넬은 뒤로 물러서서 자신이 정한 주제만 얘기하겠다고 고집한다.

모건 책에는 질문에 대한 답이 나오나요?

오도넬 종교적 신념에 관해 썼어요. 네, 분명 썼지요.

모건 동성결혼에 관해서 썼나요?

오도넬 그게 무슨 상관이죠? 정당한 이유가 조금이라도 있나요?

모건 물론이죠. 아시다시피 미셸 바흐만과 다른 사람들의 의견 때문이지 않습니까. 분명 상당한 논쟁거리가 될 만한 정치적 사안이지요. 저는 당신의 관점이 궁금할 뿐입니다. 계속 "책에 있어요"라고만 말씀하시는데 왜 이 자리에서 직접 말씀하지 않는지 당황스럽습니다. 이미 책에 있는 내용이라면 말이죠.

오도넬 관련 없는 문제라고 생각하기 때문이지요. 제가 얘기하고자 한 주제가 아니에요. 제가 지금 주장하는 게 아니잖아요. 제게 그런 시기가 있었지만 다 지나간 일이에요. 지금 저는 책을 홍보하려는 거예요. 티파티 운동에 참가한 사람들이 계속 운동에 매진해서 제2의 미국 혁명을 가져올 수 있는 영감을 불어넣어줬으면 하는 책 말이에요. 그게 제 목표이자 관심사예요.

여기서 오도넬은 모건이 던진 질문의 정당성에 의문을 제기함으로써 그를 공격한다. 그리고 다시 한 번, 그녀는 대답하지 못한다. 그녀는 모건과 이 문제에 관해 이야기를 나누는 게 두려운 것이다.

모건 그러니까 '묻지도 말고 말하지도 말라' 법을 부활시켜야 할 것 같다는 미셸 바흐만에게 동의하십니까? 이 법을 부활시켜야 할까요?

오도넬 (웃음) 저는 정책에 대해서는 말하지 않겠어요. 선거에 나가는 게 아니니까요. 미셸 바흐만에게 무슨 생각인지 물어보시죠. 선거에 나가는 후보자한테 물어보세요.

모건 왜 그렇게 예민하게 반응하시죠?

오도넬 예민하게 반응하는 게 아니에요. 전 선거에 나가는 게 아니고, 법안을 홍보하러 나온 것도 아니에요. 저는 책에 적힌 정책을 홍보하러 나온 거예요. 대부분 재정이나 헌법에 관련된 것이죠. 그래서 이 프로그램에 출연하기로 한 거고요. 그게 제가 얘기하고 싶은 주제들이에요. 예민하게 구는 게 아니에요. 조금 무례하시네요.

모건 왜 제가 무례하다고 하시는지 당황스럽네요. 오히려 매력적이고 존경심이 많은 것 같은데요. 전 당신의 공적인 발언에 대해 질문할 뿐입니다. 지금은 바로 당신 책에 당신이 쓴 내용을 물어보는 거고요. 이런 걸 무례하다고 보긴 어려울 것 같은데요.

오도넬 글쎄요. 진행자로서 제가 원하는 주제가 있다면 거기에 관해 얘기해야 된다고 생각하지 않으세요?

모건 아뇨, 그렇지는 않습니다. 당신은 정치인이잖아요.

오도넬 네, 좋아요. 전 이만 물러나겠습니다. 이 문제로는 인터뷰를 못하겠네요.

모건 어디 가세요? 가시는 겁니까?

오도넬 글쎄요. 공화당 여성 클럽에서 여섯 시에 강연을 하기로 했는데 말이에요. 거기 조금 늦게 가기로 했던 건 제 책에 관해 얘기하고 책에서 다룬 내용에 대해 얘기하기 위해서지 진행자의 무례함을 참아주려고 그런 게 아니거든요. 책은 읽으셨어요?

모건 네, 하지만 이 문제들도 책에 있는 내용이잖아요. 제 말이 그겁니다. 책에서 얘기한 내용이라고요.

오도넬 그래요. 이제 가면 되나요? 끝났나요?

오도넬은 두 가지 공격으로 인터뷰를 마쳤다. 하나는 모건을 '무례한 진행자'라고 일축해버린 것이고 다른 하나는 그를 멍하니 남겨두고 갑자기 나가버린 것이다.

오도넬이 인터뷰에서 보인 행동은 난처한 질문을 받은 사람이 질문자를 물러서게 만들기 위해 어떻게 공격을 취하는지를 극명하게 보여준다. 이 경우 오도넬은 동성결혼에 관한 모건의 질문에 위협을 느꼈다. 위협을 느낀 그녀의 격렬한 공격에서 우리는 어떤 결론을 내려야 할까? 그녀는 방송에서 모건과 이 주제를 논의했다가는 정치적 피해를 볼 수 있고 더 나아가 개인적으로도 어려운 상황에 부닥칠 것으로 생각한 것 같다. 오도넬이 생각한 것처럼 모건의 질문에 진실한 정보를 제공하는 것은 그녀의 선택지에 없었다. 이처럼 치러야 할 대가가 큰 상황에서 더 이상 꺼낼 카드가 없다고 느낄 때는 공격이란 카드를 꺼내기 쉽다.

눈을 크게 떠라, 거짓말이 보인다

"볼 수 있는 눈과 들을 수 있는 귀가 있다면 누구도 비밀을 지킬 수 없음이 이해될 것이다. 입이 침묵하더라도 손끝이 떠들어댈 테니 말이다. 배신은 인간의 모든 구멍에서 새어 나온다."
— 지그문트 프로이트 Sigmund Freud

:: 그는 왜 갑자기 몸을 웅크렸을까

천 마디 말보다 한 번 보는 게 낫다는 말도 있듯이, 이제부터 얘기할 기업의 이사는 단 한 번 만나고도 책 한 권은 쓸 수 있을 만한 인물이다.

필은 정부와 계약을 맺고 있는 어느 포천 Fortune 500대 기업의 이사를 인터뷰해달라는 요청을 받았다. 계약에 따라 철저하게 기밀에 부쳐져야 할 업무의 특성상 이 회사의 여러 이사들에 대한 신원조사가 이루어졌다. 우리가 앞으로 '노먼'이라 부를 사람도 그 가운데 한

명이었다. 조사에 따르면 그에게는 외국인 여자 친구가 있었다. 아내가 있긴 했지만, 여자 친구가 있다는 사실 자체는 대수로운 일이 아니었다. 문제는 그가 그 사실을 숨겼다는 점이었다. 외국인과 접촉하는 경우는 모두 보고해야 했는데 그러지 않았던 것이다.

대학 때 미식축구를 했던 다부지고 건장한 체격의 노먼은 퉁명스레 조사실에 들어와 코트를 벗고 자리에 앉았다. 필은 그를 부른 이유를 설명하며 외국인 여자 친구가 있다는 보고가 들어왔다는 얘기를 했다. 노먼은 "그렇군요" 하더니 오른쪽 신발을 벗어 발을 의자 위로 올리고 팔로 올린 다리를 감쌌다.

필이 그에게 외국인 여자 친구가 있느냐고 직접적으로 묻자 노먼은 몇 가지 설득력 있는 진술을 하더니 신발을 벗고 왼발도 의자 위로 올린 후 팔로 두 다리를 감싸 안았다. 하얗고 빳빳한 셔츠를 입고 타이를 맨 건장한 체격의 노먼이 태아 같은 자세로 웅크리고 앉아 다리 사이로 필을 물끄러미 바라보고 있었던 것이다.

필은 이 상황을 어떻게 이해했을까? 노먼은 분명 포천 500대 기업의 이사가 될 만큼 지식과 교양을 갖춘 사람이었다. 하지만 그는 자신이 취한 행동에 대해 전혀 자각하지 못했다. 이는 누구나 자기도 모르는 사이 상대가 분석할 수 있는 행동을 드러낼 수 있다는 사실을 명백하게 보여주는 것이었다. 당연히 필은 그에게 문제가 있고 이를 더 파헤쳐봐야겠다고 생각했다.

앞에서 의사소통의 대부분은 비언어적으로 이루어진다고 얘기했었다. 사실 비언어적 행위는 아주 커다란 비중을 차지한다. 여러 연구에서 다양한 결과가 나왔지만 대부분의 연구자들이 의사소통의 3분의 2는 비언어적으로 이루어진다는 결론을 내렸다. 다만, 여기서 살펴볼 '비언어적 거짓 행동'은 전체 비언어적 의사소통의 일부에 불과하다는 사실을 이해해야 한다. 다시 말해 어떤 종류의 보디랭귀지는 다른 보디랭귀지보다 훨씬 많은 정보를 드러낸다.

이른바 보디랭귀지 '전문가'라는 사람들은 비언어적 행위를 전반적으로 분석하곤 한다. 전체적 행동 분석에 대해 했던 얘기를 기억하는가? 그리 좋은 일은 못 된다. 왜냐하면 소방 호스에서 물을 받아먹는 것이나 다름없고, 특정 자세나 반복되는 행동이 말하는 바와 의미를 추측해야만 하기 때문이다.

추측하는 일은 우리의 방정식에서 제외해야 한다. 목표 달성에 아무런 도움도 되지 않는 수많은 행동들도 모두 걸러내야 한다. 거짓말을 밝혀내고 싶다면 말이다. 쉽게 말해, 질문이라는 자극에 직접적이고 시기적절하게 나온 반응만을 집중적으로 분석해야 한다는 뜻이다. 경험을 쌓으면 어떤 행동이 어떤 방식으로 나올 때 거짓일 가능성이 높은지 밝혀낼 수 있을 것이다.

:: 거짓을 내포한 이상 행동들

반응의 지연

질문을 받은 상대가 아무런 반응이 없다. 잠시 후 그가 대답하기 시작한다. 그렇다면 침묵에서 대답까지 어느 정도의 간격이 의미가 있고 거짓 징후로 봐도 좋은 것일까? 그건 상황에 따라 다르다.

친구를 상대로 연습해보자. 친구에게 "7년 전 오늘 뭐했어?"라고 묻는다면 순간 상대는 멈출 수밖에 없을 것이다. 바로 답이 나오는 질문이 아니기 때문이다. 친구로서는 기억을 떠올려야 하고 그나마도 쉽게 답을 내놓기는 어려울 것이다. 하지만 "7년 전 오늘, 주유소를 털었니?"라고 물었을 때 만약 친구가 잠시 동안 말이 없다면 좀 더 신중하게 친구를 만나는 게 좋겠다. 웬만해선 조금의 주저함도 없이 "말도 안 돼!"라거나 "당연히 아니지!"라고 답할 것이다. 간단한 연습이지만 지연은 질문의 맥락에 따라 고려해야 한다는 점을 잘 보여준다.

또 한 가지 변수는 상대에게 타당한 지연인가 하는 점이다. 예를 들어 인터뷰를 하다 보면 자연스럽게 상대가 질문에 답을 하기까지 어느 정도 시간이 걸릴지 계산이 가능해진다. 만일 계산에 어긋나는 경우가 있다면 그땐 문제가 있는 것으로 봐야 한다.

말과 행동의 불일치

사람의 뇌는 말과 동작이 자연스럽게 어울리도록 작용한다. 그래서 우리는 말과 동작이 서로 어긋나는 경우 이를 잠재적 거짓 징후로 생각한다. 흔한 예가 부정적인 답변을 하면서 고개를 끄덕이거나, 긍정적인 답변을 하면서 고개를 가로젓는 경우다. 직접 해보면 억지로 신경을 써야 할 만큼 까다로운 일임을 알 수 있다. 하지만 거짓말을 하는 사람은 자기도 모르게 그럴 수 있다.

이 같은 특정 징후와 관련해 몇 가지 주의할 사항이 있다. 먼저, 이는 서술적 답변에만 적용이 가능한 징후로, 한 단어로 된 대답이나 짧은 문장의 대답에는 적용되지 않는다. 예를 들어 "아니요"라고 말하면서 짧고 빠르게 고개를 끄덕이는 동작을 할 수도 있다. 하지만 이를 불일치라 봐선 안 된다. 단순한 강조이다.

두 번째, 어떤 문화권에서는 고개를 끄덕이는 동작이 "예"를 뜻하지 않으며 고개를 가로젓는 동작이 "아니요"를 의미하지 않는다는 사실을 알아둬야 한다. 따라서 피조사자의 문화권에 대해 잘 알아두는 것도 중요하다.

입이나 눈 가리기

속이는 사람은 진실을 말하지 않을 때 자주 입이나 눈을 가린다. 사람들은 본래 거짓말을 감추고 싶어 하는 경향이 있기 때문에 대답하는 동안 손으로 입을 가린다면 주의해야 한다. 이와 마찬가지로 사람들은 자신의 거짓말에 속는 사람의 반응을 보고 싶어 하지 않는다.

만약 질문을 받은 상대가 대답하면서 눈을 가린다면 무의식적으로 거짓말에 당하는 사람의 반응을 보기 어려워 한다는 뜻일 수 있다. 손으로 눈을 가리기도 하지만 눈을 감아버리는 수도 있다. 깜빡거림은 여기서 언급하지 않겠지만 만일 상대가 대답을 하면서 괜스레 눈을 감는다면, 이때는 거짓 징후로 판단해도 좋다.

헛기침하거나 침 삼키기

상대가 대답하기 전에 헛기침을 하거나 침을 크게 삼킨다면 문제가 있을 수 있다. 대답한 다음이라면 신경 쓸 필요 없지만, 대답하기 전이라면 몇 가지 경우의 수가 있다. '신에게 맹세컨대'와 같은 말의 비언어적 표현일 가능성이 있다. 거짓말을 좀 더 치장하여 내놓는 것이다. 아니면 생리적으로 질문이 불안감을 증폭시켜 입이나 목이 건조해지거나 불편해졌을 수도 있다.

손을 얼굴로 가져가는 행동

곱자 모드에 있는 동안 상대가 대답하면서 얼굴이나 머리로 무엇을 하는지 잘 살펴보라. 입술을 깨물거나 혀로 훔치기도 하고 입술이나 귀를 잡아당길 수도 있다. 이유를 알고 싶다면 고등학교 때 배운 간단한 과학 상식을 떠올리면 된다. 곧이곧대로 대답했다간 죄를 들키게 되는 질문을 받으면 상대는 불안감이 치솟는다. 따라서 신경기관이 불안감을 줄이기 위한 작업에 들어간다. 그러한 작업 중 하나가 바로 투쟁-도피 반응fight-or-flight response이다.

사람의 몸은 위협을 느끼면 신체 기관이나 주요 근육에 혈액을 더 공급함으로써 더 빠르게 달리고 더 높이 뛰고 더 강하게 싸울 수 있게 만든다. 그런 혈액은 어디서 나오는 걸까? 이는 평소에는 혈액이 풍부하다가 순간적으로 혈액 공급을 낮출 수 있는 부분에서 온다. 보통은 얼굴 표면이나 귀, 신체의 끝 부분들이다. 이 부분에서 피가 갑자기 빠져나가면 모세혈관이 자극을 받아 한기나 가려움을 유발할 수 있다. 사람들은 이를 알아채지 못한 채 그 부위로 손을 가져가거나, 두 손을 맞잡아 비비거나, 쥐어짜거나 한다. 그리고 그 순간 우리는 거짓 징후를 발견하게 되는 것이다.

고정점 이동

위와 같은 생리적 반응 외에도 불안감을 감소시키기 위한 다른 신체적 행동들이 있는데 대부분은 '고정점anchor-point'을 움직이는 것이다. 여기서 고정점이란 사람을 어떤 위치나 자세로 움직이지 않게 해주는 부분을 말한다. 일례로, 사람이 서 있는 경우 첫 번째 고정점은 발이다. 팔을 앞으로 모아두고 있다면 팔이 두 번째 고정점이 될 수도 있고, 손을 허리에 얹고 있거나 주머니에 넣고 있다면 손이 두 번째 고정점이 될 수도 있다. 자세는 신경 쓸 필요 없이 고정점만 생각하면 된다.

의자에 앉아 있는 경우를 생각해보자. 첫 번째 고정점은 엉덩이, 등, 발이 된다. 우리는 두 발을 모두 고정점으로 본다. 다리를 꼬아서 한 발이 허공에 있는 경우도 마찬가지다. 사실 다른 모든 움직임이 막혀 있을 때 허공에 떠 있는 발은 불안감을 줄이기 위해 가장 쉽게 움직일 수 있는 고정점이기도 하다. 다른 저항이 없는 곳이기 때문이다.

두 번째 고정점은 팔걸이에 놓인 팔꿈치 부위일 수도 있고 무릎 위에 올려놓은 손일 수도 있다. 그렇다고 각각의 고정점을 서로 다른 거짓 징후로 보진 않는다는 것을 염두에 두자. 그러니 질문에 대한 반응으로 고정점이 이동한다면 얼마나 많은 동작이 있었던 간에 이를 하나의 징후로 받아들여야 한다.

우리는 누군가를 인터뷰할 때 웬만하면 상대를 등받이가 똑바로 서 있고 다리가 넷 달린 의자에 앉히지 않는다는 것을 말해두고 싶다. 우리는 상대를 바퀴가 있어서 돌아가고 흔들리고 어쩌면 팔걸이까지도 움직이는 의자에 앉히는 편을 선호한다. 그런 의자는 상대의 고정점 이동을 확대하고 증폭시켜 보여주기 때문에 이를 알아보기가 한결 쉬워진다.

차림새 정돈하기

불안감을 줄이는 또 다른 방법은 자기 자신이나 가까운 주변을 정돈하는 식으로 신체를 움직이는 것이다. 이것이 어떤 모습인지 살펴보자.

동료인 돈 테넌트 Don Tennant가 기술 전문 기자로 활동하던 시절 홍콩에서 미국의 주요 소프트웨어 기업 CEO를 인터뷰했던 애기를 들려줬다. 인터뷰는 이른 아침 CEO가 묵고 있던 홍콩 그랜드 하얏트 호텔의 최고급 스위트룸에서 이루어졌다. 돈이 도착했을 때 CEO는 휴 헤프너 Hugh Hefner: 〈플레이보이〉 창업자-옮긴이 스타일의 목욕 가운을 걸치고 문을 열어줬다. 그리고 돈을 반기며 거실로 데려가 그랜드 피아노와 가까운 자리에 앉혔다.

당시 그 회사는 한 하드웨어 장치를 시장에 내놓으려는 참이었다. 기술 분야에서 큰 화제를 불러일으킨 대단한 도전이었다. 하지만 몇몇 분석가들은 이를 끔찍하게 경솔한 시도라고 생각하기도 했다. 거대한 소프트웨어 회사가 하드웨어 시장에 도전해봐야 아무런 시너지 효과도 없다는 이유에서였다. 하지만 CEO는 지금 위험을 떠맡는 것이 자신이 내린 최고의 선택이 될 거란 고집을 꺾지 않았다.

회사의 새로운 전략을 둘러싸고 논란이 일고 있는 상황을 고려하여, 돈은 한 시간에 걸친 인터뷰 동안 하드웨어 장치 얘기를 하기 위해 몇 번씩 얘기를 빙빙 돌렸다. 그때마다 CEO는 하드웨어 제품이 아주 큰 성공을 거둘 것이고 주주에게 막대한 이익을 가져다 줄 것이라고 주장했다.

하지만 정작 흥미로운 것은 제품이 성공할 거라고 얘기할 때마다 CEO가 목욕 가운의 허리끈을 잡고 앞섶을 단단히 여몄다는 점이다. CEO가 그럴 때마다 돈은 자신은 괜찮으니 신경 쓰지 말라고 말했다. 가운 아래 뭐가 있는지 몰랐기 때문이다. 하지만 그런 행동이 계속되자 이상하게 보였다. 결국 하드웨어 장치는 철저한 실패작으로 기록되었고 기획 또한 보류되고 말았다. 그때 이후로 그 회사는 아직 하드웨어 시장에 진출하지 못하고 있다.

좀 더 일반적인 상황에서 거짓을 숨기는 사람은 질문에 답할 때 넥타이나 소매를 바로잡거나 안경을 고쳐 쓰기도 한다. 여자라면 귀 뒤쪽으로 머리 몇 가닥을 넘기거나 치마를 똑바로 펼 수도 있다. 땀도 주의 깊게 살펴봐야 한다. 그저 땀을 흘리는 것은 아무런 문제가 안 되지만 대답을 하면서 손수건을 꺼내 이마의 땀을 닦는다면 주의를 기울여야 한다. 특히 손수건도 없이 맨손으로 땀을 닦는다면 거짓말을 하고 있을 가능성이 더욱 높다.

주변을 정리하는 것도 정돈하기의 또 다른 형태이다. 질문을 했더니 갑자기 전화기 위치를 바로잡는다거나 컵이나 연필을 움직이는 경우다. 한 가지 질문에 나온 반응이라면, 고정점 이동처럼 다수의 정돈하는 행동들이 있다고 해도 역시 하나의 거짓 징후로 봐야 한다.

| 3장 |

거짓을 간파하는 기술

아무리 감추려 해도 결코 감출 수 없는 것

"거짓말해서 미안합니다. 맹세코 앞으로는 이런 문제를 제외하곤 거짓말하지 않겠습니다."
― 스피로 애그뉴 Spiro T. Agnew

:: 거짓말 속 진실

2001년 4월 29일, 〈뉴욕 타임스〉는 알렉스 버렌슨 Alex Berenson이 컴퓨터 어소시에이츠 Computer Associates에 대해 쓴 글을 게재했다. 롱아일랜드에 본사를 둔 컴퓨터 어소시에이츠는 거대 메인프레임 소프트웨어 회사로 경쟁업체 사이에서 무자비한 회사로 유명했고, 직원들과 고객들에게는 냉혹한 회사로 이름이 나 있었다.

'속임수가 바닥난 소프트웨어 회사, 과거의 망령이 컴퓨터 어소시에이츠를 괴롭히다'라는 제목이 달린 이 기사는 전 직원들의 말을 인용해 이 회사가 오랜 세월 조직적으로 수입과 수익을 부풀려 왔다고 폭로했다. 회사에서 신제품 판매가 실제보다 더 호조를 띤 것처럼 보이도록 회계 절차를 꾸미는 수법으로 수입을 부풀려서 발표했다고 직원들은 말했다. 간단히 말해 컴퓨터 어소시에이츠는 업계에 만연한 분식회계에 연루되었다는 주장이 제기된 것이다.

유죄가 확실시되는 상황에서 컴퓨터 어소시에이츠의 CEO 산제이 쿠마Sanjay Kumar는 당일 CNBC에 출연해 분식회계 주장을 반박할 수밖에 없었다. CNBC 빌 그리프스와의 인터뷰에서 쿠마는 정보의 출처도 언급하지 않고 그 어떤 월스트리트 분석가의 의견도 제시하지 않은 채 기사를 게재한 〈뉴욕 타임스〉를 비난하는 것으로 말문을 열었다.

진행자인 그리프스는 회사가 판매 감소를 감추기 위해 시도하려 했던 혐의에 대해 물었다. 그러자 쿠마는 "우리의 새로운 비즈니스 모델은 아무튼 두 가지가 핵심입니다. 바로 새로운 판매 방식과 새로운 수익 계산 방식이죠"라고 말했다. 이 얘기에는 곱씹어볼 부분이 있다.

인터뷰 후반부에 그리프스는 쿠마에게 〈뉴욕 타임스〉 기사에서 소프트웨어 유지보수 수익을 새로운 소프트웨어 비즈니스 수익과 혼동한 데서 비롯된 문제점에 대해 물었다. 쿠마는 GAAP Generally Accepted Accounting Principle: 일반적으로 인정된 회계원칙-옮긴이의 엄격함에 대해 강조하는 것으로 답변을 대신하고는 다음과 같이 말했다.

"게다가 우리는 어쨌거나 오늘 오전 전화 통화로 충분히 설명했고, 왜 우리의 유지보수 수치가 다른 소프트웨어 회사들과 같은 범위 내에 있으면서도 낮은 편인지는 웹 사이트에 설명되어 있습니다. 그 이상 더 타당할 것 같은 답변은 없습니다. 우리의 유지보수 수치가 다른 회사와 비슷해야 할 이유도 없을 뿐더러 근본적으로 사업하면서 잘못된 일이라곤 전혀 하지 않고 있습니다."

이제, 2006년 11월 2일로 건너가보자. 이날 쿠마는 증권사기 및 사법방해 혐의를 인정한 후 컴퓨터 어소시에이츠에 있으면서 22억 달러 규모의 분식회계에 가담한 죄로 12년 징역형을 선고받았다. 현재 그는 죄수 번호 71321-053을 달고 뉴저지 페어턴의 연방 교도소 위성 수용소에 수감되어 있다.

결국 이런 날이 오리라는 것은 사실상 2001년에 있었던 CNBC 인터뷰에서 이미 예견되었다. 우리는 인터뷰 전문을 분석했고 쿠마가 서른 가지 이상의 거짓 행동을 보였다는 것을 찾아냈다. 여기서는 이 글의 목적상 앞서 인용했던 발췌 부분에만 집중하겠다. 이 부분이야말로 우리가 '의도하지 않은 메시지'라 부르는 것, 좀 더 멋을 부리자면 '거짓말 속 진실'이라 부르는 것을 아주 멋지게 드러내주었기 때문이다.

거짓말을 하는 사람이 사실이 자신에게 불리한 어떤 문제에 대해 질문을 받고 궁지에 몰렸음을 알게 된다면 그는 분명 사실을 가지고 대답할 처지가 아니다. 이럴 때 그는 대답을 만들어내는 과정에서 특정한 방향을 취하기 위해 의식적인 결정을 내린다. 질문하는 사람에게 자신의 도덕성을 확신시키는 데 집중할 수도 있고, 답변을 얼버무리는 쪽을 택해 질문의 방향을 바꾸려고 할 수도 있다. 혹은 더 이상 캐묻지 못하게 하려고 부득이하게 공격적인 태도로 나가야겠다고 느낄 수도 있다. 그러나 그가 의식하지 못하는 것은 종종 그 과정에서 자신도 모르는 사이에 그가 실제로 진실이라 알고 있는 사실을 드러내는 말을 한다는 점이다.

쿠마는 컴퓨터 어소시에이츠의 새로운 비즈니스 모델이 '새로운 판매 방식과 새로운 수익 계산 방식'이라는 말을 하면서 의도하지 않게 회사의 회계 절차에 법적 문제가 있음을 나타내는 메시지를 전달했다. 결국, 분식회계가 '새로운 수익 계산 방식'이 아니고 무엇이겠는가?

마찬가지로, 유지보수 수익 질문에 대해 자신의 대답 이상으로 '타당할 것 같은' 답변은 없다고 말했을 때도 우리는 '타당할 것 같은'이라는 단어의 정의—겉으로 보기에 합리적인, 또는 믿을 만한, 또는 진실처럼 보이는—만 고려하면 쿠마의 목적이 '믿을 만한 얘기'를 전달하려는 것이었다는 의도하지 않은 메시지를 간파할 수 있다. 쿠마는 진실을 말할 입장에 서 있지 않았기 때문이다.

게다가 그는 컴퓨터 어소시에이츠가 사업을 하면서 '근본적으로' 잘못된 일은 하지 않는다는 점을 강조했다. 그가 깨닫지 못한 사이 그는 회사가 사업하는 방식에 '뭔가' 잘못된 부분이 어느 정도는 있음을 말한 셈이다.

각각의 경우에 쿠마는 진실을 은폐하기 위해 갖은 노력을 기울였지만, 결국 그는 진실을 밝히려면 다른 얘기들을 더 해야 하며 자신은 그 얘기들을 공개하지 않을 것이라는 메시지를 은연중에 전달한 셈이었다.

:: 불륜은 어떻게 우정으로 둔갑되는가

그로부터 10년이 지난 2011년 가을, 한 사업가가 미디어와 갈등을 겪고 있었다. 이번에 문제가 된 사업가는 과거 레스토랑을 경영하던 허먼 케인 Herman Cain 이었는데, 그는 미국 대통령 선거의 공화당 후보가 되기 위해 경선에 돌입한 상태였다. 1990년대 케인에게 성추행을 당했다는 두 여성의 주장으로 난관에 봉착했다가 가까스로 낙선을 면하는 듯했던 바로 그 순간 또 다른 폭탄선언이 터져 나왔다.

11월 28일, 한 애틀랜타 TV 방송국이 저녁 뉴스 프로그램에서 13년이 넘도록 케인과 만났다가 헤어지길 거듭하는 불륜 관계였다고 폭로한 애틀랜타의 여성 사업가 진저 화이트 Ginger White 와의 인터뷰를 내보냈다.

이 TV 방송국은 그날 저녁 뉴스에 인터뷰를 내보낼 계획을 케인에게 미리 알렸다. 이에 케인은 뉴스가 방송되기 몇 시간 전 CNN의 〈울프 블리처의 상황실 The Situation Room with Wolf Blitzer〉에 출연해 진저 화이트의 주장을 먼저 반박하기로 했다. 케인은 블리처와의 인터뷰에서 13년 동안 화이트를 알고 지냈음을 인정하면서도 그건 우정이었을 뿐이고 그녀가 어려움에 처했을 때 친구로서 금전적 도움을 주었을 뿐이라고 주장했다.

케인은 블리처와의 인터뷰가 있고 닷새가 지난 12월 3일, 대통령 경선에서 빠졌다. 인터뷰 내내 그랬듯이 그는 지금도 계속해서 그 모든 주장이 거짓이라는 태도를 고수하고 있다. 케인은 성희롱 주장이 제기되었을 때와 마찬가지로 화이트의 주장 역시 근거 없는 것으로 밝혀질 것이라고 우겼다. 그 어느 주장도 진실로 입증되지 않았기 때문에 우리의 인터뷰 분석은 단순히 모델을 적용해 행동을 평가한 것에 지나지 않는다. 그러면 여기서 당시 인터뷰 일부를 소개하겠다.

블리처 (그 애틀랜타 TV 방송국에서) 뭐라고 하던가요?

케인 그냥, 아시겠지만, 개인의 이름을 언급하면서…

블리처 당신도 그 여성을 알고 있고요?

케인 그녀가 누군지는 알고 있습니다. 방송국에선 어떤 혐의가 제기될 것인지에 대해 언급하더군요. 하지만 아직 어떤 이야기도 나오지 않은 상황에서 지금 당장 대응할 수 있는 것은 아무것도 없습니다. 이제 뉴스가 방송되면 애틀랜타의 린 우드 변호사를 통해 대응할 것입니다. 앞서 2주 동안 이 소문들을 샅샅이 추적해본 결과 전혀 근거 없는 주장이라는 게 밝혀졌습니다. 왜냐고요? 그들은 어떠한 증빙이나 증거 혹은 신뢰할 만한 자료를 제시하지 못했기 때문입니다. 그들이 나오면 우리는 이러한 사실들을 언급할 겁니다. 하지만 지금 당장은 그저 귀띔을 해주고 싶을 뿐입니다. 나는 아무것도 숨길 게 없습니다. 우리는 그들에 대해 알고 있는 아주 사소한 사실까지도 모조리 언급할 겁니다.

인터뷰 후반부에 케인은 성희롱 주장이 근거가 없는 논쟁이라는 점을 다시 한 번 되풀이했다.

블리처 하지만 이건… 당신도 아시다시피 이미 두 명의 여자가 당신의 성희롱 혐의를 제기했고 어쩌면 세 번째 여자가 나와서 당신과 불륜 관계였다고 말할 수도 있는 상황인데요…
케인 처음 두 여자의 주장은 근거가 없다는 점을 잊지 마세요. 그들의 주장은 모두 거짓입니다. 무엇 하나 증명하지 못했어요. 나는 언론과 대중 앞에 나서서 이것이 내가 아는 바이고 사실이라고 말했습니다. 사람들은 나를 믿을 것인지, 그 여자들을 믿을 것인지를 두고 판단을 내려야 할 겁니다. 오늘 늦게 방송에 나오기로 되어 있는 그 여자도 마찬가지입니다.

자, 이제 중요한 진술들을 살펴보자. "앞서 2주 동안 이 소문들을 낱낱이 추적해본 결과 전혀 근거 없는 주장이라는 게 밝혀졌습니다. 왜냐고요? 그들은 어떠한 증빙이나 증거 혹은 신뢰할 만한 자료를 제시하지 못했기 때문입니다." 그리고 다음 진술도. "처음 두 여성의 주장은 근거가 없다는 점을 잊지 마세요. 그들의 주장은 모두 거짓입니다. 무엇하나 증명하지 못했어요."

모델을 적용하면 케인의 진술에서 의도하지 않은 메시지를 읽어 낼 수 있다. 성희롱 주장이 근거가 없는 거짓 주장인 이유는 케인이 성희롱을 저지르지 않았기 때문이 아니라 혐의를 제기한 여성들이 성희롱 사실을 증명하지 못했기 때문이다. 이런 상황에서 케인이 "오늘 늦게 방송에 나오기로 되어 있는 그 여성도 마찬가지입니다"라는 말을 덧붙인 것은 흥미롭다. 사실 인터뷰의 다른 부분에서 케인은 화이트와 성관계를 했느냐는 질문과 관련해 또 다른 의도하지 않은 메시지를 전달했다. 다음은 그 발췌 부분이다.

블리처 '친구'라고 말씀하셨을 때, 다소 거북한 질문이기도 하지만 어차피 나중에 받게 될 질문이니 이 자리에서 묻겠습니다만, 불륜이었다는 말인가요?

케인 아니요. 그런 게 아닙니다.

블리처 성관계는 없었다고요?

케인 없었습니다.

블리처 한 번도요?

케인 네.

블리처 그렇다면 성관계가 있었다고 말하는 이 여성이 거짓말을 하는 건가요? 당신이 전하고자 하는 바가 이것…

케인 그러니까 제 말은 앞으로 이야기가 어떻게 전개될지 두고 보자는 거죠. 앞으로 이야기가 어떻게 전개될지 보기 전까지는 이런 문제에 얽혀 옴짝달싹 못하는 신세가 되고 싶지 않습니다.

'앞으로 이야기가 어떻게 전개될지 보기 전까지는 이런 문제에 얽혀 옴짝달싹 못하는 신세가 되고 싶지 않다'는 케인의 말은 사실인 진술이다. 하지만 모델을 적용해보면 의도하지 않은 메시지는 분명하다. 바로 화이트가 그와 성관계가 있었다고 말하면 케인은 그녀가 거짓말을 하고 있다고 말할 수 없다는 것이다.

:: 상대의 말을 문자 그대로 이해하라

그렇다면 이 같은 거짓말 속 진실 혹은 의도하지 않은 메시지를 가려내려면 어떤 훈련을 해야 할까? 먼저, 진실이 문제가 되는 상황에서는 상대의 말을 문자 그대로 이해하는 것이 매우 중요하다는 점을 알아야 한다. 앞에서 의사소통의 문제점 중 하나는 우리가 어떤 이야기를 들을 때 거기에 대해 나름의 의견을 제시하고 이를 바탕으로 취해야 할 행동을 정한다는 것이라고 했던 말을 기억하는가? 진실된 정보를 얻을 목적으로 누군가와 이야기를 나눌 때는 그 사람이 말하는 바를 정확하게 파악해서 나에게 전달되는 정보를 문자 그대로 이해하는 것이 매우 중요하다.

몇 해 전, 가족이 운영하는 한 대기업의 수사를 맡은 팀장이 우리에게 연락해온 적이 있었다. 앞으로 '스티브'라 부를 이 보안팀장은

FBI 요원으로 일한 적도 있는데, 어떤 남자가 회사에 전화를 걸어 폭력배 몇 명이 접근해 회사 임원의 자녀를 납치할 계획이라며 협상을 제안해 왔다는 것이다.

통화를 추적한 끝에 남아메리카의 한 남자를 찾아냈다. 이 남자를 지금부터 '라울'이라 부르겠다. 전화는 스티브에게 넘겨졌고, 스티브는 긴 통화 중에 범죄와 관련된 중요한 정보를 얻어내는 데 필요한 모든 질문을 던졌다. 라울은 더 자세한 내용은 계획을 실행에 옮기면서 알려주겠다고 말했고 통화가 끝나갈 무렵 계획 논의에 대한 영상 증거를 보낼 수 있도록 빠른우편 배송료 200달러를 선지급할 것을 요구했다.

처음에는 실제로 일어날 것 같은 심각한 위협으로 취급되었기 때문에 반박하는 데 이용할 만한 정보가 없었다. 스티브는 납치 위협이 사실인지 판단하기 위해 우리를 수사에 참여시켰다. 스티브와 라울 사이에 오고 간 통화 내용을 살펴본 우리는 굉장히 흥미로운 대목을 발견했다. 스티브는 계획에 대한 정보와 범인들이 자신에게 원하는 바를 알아내기 위해 끈질기게 라울을 밀어붙였다. 라울은 불안을 느끼는 듯했지만 더 많은 정보를 알려주었다.

"그거면 됩니까?"

스티브가 물었다.

"이봐. 지금 난 저들에게 들은 것보다 더 많은 얘길 했어."

라울이 대답했다.

바로 여기가 거짓말을 탐지하는 순간이다. 어쨌거나 그런 일이 어떻게 가능할 수 있겠는가? 이 진술로 라울이 전달한 의도하지 않은 메시지는 '나는 지금 통화를 하면서 이 얘기를 지어내고 있는 거야' 였다.

스티브는 분석에 필요한 정보를 얻어내는 일을 기가 막히게 잘 완수했다. 우리는 수많은 거짓 행동과 의도하지 않은 메시지를 간파했고 납치 위협이 거짓이라는 결론을 내릴 수 있었다. 더 깊이 수사한 결과, 라울은 과거에도 다른 부유한 가족을 상대로 똑같은 위협을 했던 것으로 밝혀졌고, 결국 체포됐다. 현재 라울은 교도소에 수감되어 있다.

분명, 의도하지 않은 메시지는 범죄행위와는 거리가 먼 일상적인 상황에서도 무척이나 흔하게 오고 간다. 필은 신입사원을 채용하려는 고객사로부터 지원자가 진실하고 헌신적인 태도로 회사를 위해 일할 사람인지를 가려내달라는 요청을 받고 채용 전 선별 면접을 한 적이 있다. 고객은 무엇보다 직장을 자주 옮기는 사람을 원하지 않았다. 면접을 진행하던 필은 면접자에게 앞으로 고용주가 될 사람에게 자신이 이 일에 적합한 인물임을 어떤 말로 설득할 것인지 물었다.

"저는 충분히 자격을 갖추었고 회사가 찾고 있는 기술을 보유하고 있다고 말하겠습니다. 그리고 제가 떠나면 아쉬워하실 거라고요."

바로 이러한 의도하지 않은 메시지야말로 필과 고객이 듣고자 했던 것이었다.

:: 거짓말 속 진실을 가려내는 처벌 질문

이제, 의도하지 않은 메시지에 대해 조금 더 자세히 살펴보자. 의도하지 않은 메시지를 표면으로 드러내주는 특정 질문이 있다. 바로 우리가 '처벌 질문punishment question'이라 부르는 것이다. 예를 들어 용의자에게 "이런 짓을 한 사람은 어떻게 해야 한다고 생각합니까?"라고 묻는 것이다.

이 질문은 적어도 1970년대부터 용의자 심문에 관습처럼 사용되어 왔는데, 아마도 오늘날 경찰관 등에 의해 가장 잘못 이해되어 사용되는 질문일 것이다. 이는 피고에게 스스로 형을 내리라고 요구하는 것이나 마찬가지이기 때문이다. 이론적으로 보면 피고 측은 비교적 가벼운 처벌을 제안할 것이 당연하고, 반면 죄가 없는 원고 측은 조금 더 엄격한 처벌을 원할 것이며 흉악범죄면 특히 더 가혹한 처벌을 제시할 가능성이 높다.

이 이론의 문제는 누군가는 이 질문의 의도를 쉽게 간파해서 우리가 진실하고 무고한 사람에게서 듣고자 하는 대답을 짐작해서 내놓을 수 있다는 점이다. 죄가 있는 사람이 "그런 사람은 평생 가둬야 해요" 같은 말로 오히려 가혹한 처벌을 제시하는 일도 적지 않다.

거짓말하는 사람은 항상 우리의 지각을 조종할 방법을 찾는다는 점을 부디 잊지 말라. 진실한 행동을 무시하는 것이 그토록 중요한 이유 중 하나도 바로 이 때문이다. 지금껏 수십 곳의 사법기관에서 컨설팅이나 또는 교육을 담당하면서 경험 많은 형사들이나 다른 수사관들이 이 질문에 대한 반응을 잘못 분석해서 실수하는 경우를 수도 없이 보았다.

처벌 질문에 대한 답변을 분석하는 데는 주의가 필요하다. 우리는 강한 처벌을 옹호하는 답변에 전혀 당황하지 않는다. 진실을 말하는 사람과 거짓을 말하는 사람이 똑같이 내놓을 수 있는 답변이기 때문이다. 반면 경험상 용의자가 비정상적으로 관대한 처벌을 제시하는 경우, 이는 우리 앞에 있는 용의자가 거짓말을 하고 있음을 시사하는 적신호이다. 이것이 실제 사건에서 어떤 모습으로 나타나는지 살펴보자.

마이클은 예전에 스무 살 남성을 심문한 적이 있었다. 그때 이 남성은 결국 열두 살, 열세 살 난 여자아이들과 성적 접촉을 했다고 시인했다. 다음은 당시에 진행했던 인터뷰의 일부이다.

마이클 사람들 말처럼 당신이 한 짓을 다른 누군가가 했다면, 그런 짓을 한 사람을 어떻게 해야 한다고 생각하지요? 만약 그 결정이 당신에게 달려 있다면요?

용의자 생각해봐야겠군요. 제가 잡혀 오게 된 이유인 '그런 짓'을 말하는 거죠? 음, 그러니까, 저라면 감옥엔 보내지 않겠어요. 감옥에 들어가기만 하면 전혀 딴사람이 돼서 나오는 거 같거든요. 음, 그런 사람은… 그런 사람은… 그러니까 교육 같은 걸 받게 해야… 다른 문제가 있을 수도 있고요. 정신적인… 잘 모르겠어요… 상담? 아, 사과하게 하면 되겠네요. 정말로 사과하길 원한다면요. 글쎄요, 음, 그러니까 그게 사람들이, 가족들이 그자에게 원하는 것이라면 말예요.

피해자에 대한 사과는 상당히 관대한 처벌이다. 그렇지 않은가? 하지만 용의자가 전달한 의도하지 않은 메시지로 돌아가 "저라면 감옥엔 보내지 않겠어요"라는 진술에 대해 생각해보자. 용의자는 자신이 마이클에게 그런 짓을 저지른 사람은 누가 됐든 감옥에 갇히길 원하지 않는다고 말하고 있다고 생각하겠지만, 문자 그대로의 발언에 집중해보면 다음과 같은 의도하지 않은 메시지를 얻게 된다.

"제가 그랬어요. 하지만 감옥에 가고 싶진 않아요."

유죄 선고를 받은 흉악범 사건도 있었다. 그는 네바다 교외를 운전하고 가다가 주유소에서 한참이나 떨어진 곳에서 기름이 떨어지게 됐다. 근처 목장에 픽업트럭이 주차된 것을 발견한 용의자는 트럭을 몰고 기름을 사러 주유소로 향했다. 트럭 주인은 용의자가 트럭을 몰고 가는 것을 보고 경찰에 신고했다. 용의자는 주 고속도로 순찰대에 의해 주유소에서 체포되었다.

마이클이 이 용의자의 심문을 맡았는데, 그는 처음에 주인이 트럭을 써도 좋다고 허락했고 트럭을 빌려준 대가로 주인에게 돈까지 쥐여줬다고 주장했다. 용의자는 무슨 수를 써서라도 경찰이 자신의 이야기를 믿게 해야 했다. 그는 이미 강간, 납치, 차량 절도, 장물 거래, 강도, 마약 등의 전과로 수차례 체포되어 인생 대부분을 감옥에서 보낸 뒤였다. 이런 전과 때문에 픽업트럭을 가져간 죄로 25년형에서 종신형을 받을 처지에 놓인 것이다. 이 사건에서 처벌 질문이 사용된 상황은 다음과 같다.

> **마이클** 허락도 없이 다른 사람의 트럭을 가져간 사람은 어떻게 해야 한다고 생각하나요?
> **용의자** 그 사람의 전과 기록에 따라 다르죠.
> **마이클** 당신 같은 전과 기록을 가진 사람이라고 해보죠.
> **용의자** 음, 확실히 살 가치도 없는 사람이군요. 벌 받아 마땅해요. 벌이라고 하기도 어렵겠지만, 그 사람 내면을 봐야 해요. 어떤 생각을 하는지, 어떤 성격인지. 그 질문에는 솔직하게 대답 못 하겠어요.

여기서 의도하지 않은 메시지는 분명하다. "확실히 살 가치도 없는 사람이군요"라는 진술에서 용의자는 자신의 형량을 협상하고 있는 것이다. "그 질문에는 솔직하게 대답 못 하겠어요"라는 말은, 용의자 본인은 몰랐겠지만, 그 대답이 곧 자신의 형량이 될 것이므로 솔직히 대답할 수 없다는 뜻이다. 그는 결국 허락 없이 트럭을 가져갔음을 자백했다.

25세 남자가 태어난 지 석 달 된 아들을 폭행한 혐의로 고발된 사건도 있었다. 엄마를 먼저 심문한 마이클은 갈비뼈가 부러지고 간이 부풀고 등에 멍이 든 아기의 부상과 엄마는 관련이 없다고 판단했다. 그 다음 아빠를 심문했는데 처음에는 아들을 폭행하지 않았다고 부인했다. 거짓 행동으로는 고정점 이동과 말과 행동의 불일치가 있었다. 쉽게 말해 그는 폭행 사실을 부인하면서 긍정하듯 고개를 끄덕인 것이다. 이 지점에서 마이클은 처벌 질문을 던졌다.

> **마이클** 이런 짓을 한 사람은 어떻게 해야 한다고 생각합니까?
> **아빠** (질문을 그대로 읊은 후) 참 민감한 문제네요. 그런 사람들은 분명 치료를 받아야 해요. 정신감정 같은 게 필요하죠. 아주, 아주 절실하게 치료를 받아야 할 것 같아요.

심하게 폭행당한 아기의 아빠가 다른 이가 아기를 폭행했을 때 제안할 처벌로는 이상하리만치 관대하다. 이러한 점은 문제 삼지 않더라도 우리는 이번에도 거짓말 속 진실을 찾아낼 수 있다. 바로 "참 민감한 문제네요"라는 발언이다. 마이클에게 전달된 의도하지 않은 메시지는 '그런 짓을 한 내가 대답하기에는 참으로 민감한 질문이라 상당히 불편하군요'이다. 아기 아빠는 결국 자백했다. 이런 비극적 사건의 대부분이 그렇듯이 이번에도 범행 동기는 욕구 불만이었다.

:: 누가 소파에 주스를 흘렸을까

어린 시절 부모님에게 잘못한 일을 들켰을 때 "어떤 벌을 받아야 한다고 생각하니?"라는 질문을 받은 적이 있는가? 이는 아마 당신이 잘못한 일과 잘못된 행동이 가져오는 결과에 대해 진심으로 생각해보게 하려는 부모님 나름의 방식이었을 것이다. 그와 동시에 당신 때문에 어쩔 수 없이 벌을 줘야 하는 부모의 불편한 마음도 헤아려줬으면 하는 바람도 어느 정도 있었을 것이다.

어른이 되어 부모가 된 당신도 벌 받을 짓을 한 자녀에게 똑같은 질문을 한 적이 있을 것이다. 하지만 자녀가 잘못한 것인지 확실히 알 수 없는 상황에선 어떨까? 이런 상황에서도 같은 질문으로 자녀의 잘못을 판단할 수 있을까?

예를 들어 퇴근하고 집에 돌아왔는데 소파에 포도 주스 자국이 묻어 있는 것을 발견했다고 하자. 당신에게는 자녀가 둘 있다. 그리고 둘 다 포도 주스를 좋아하고 소파에서 음식을 먹거나 음료수를 마셔서는 안 된다는 것을 잘 알고 있다. 당신은 소파에 왜 포도 주스 얼룩이 졌는지 묻지만 자녀들은 모두 모른다고 주장한다.

이럴 때는 한 명씩 따로 불러 각각에게 소파에서 포도 주스를 마신 사람은 어떤 벌을 받아야 한다고 생각하는지 물어보라. 늘 그렇듯이 클러스터 규칙을 따라라. 하지만 그와 동시에 자녀가 제안하는 벌이 얼마나 관대한지도 따져보리.

만약 토미가 "일주일간 컴퓨터 금지요"라고 말하고 태미가 "일주일간 포도 주스 금지요"라고 말했다면 아마도 태미하고 좀 더 얘기해야 할 것이다. 또한 범인은 가끔 처벌 질문에 대한 답변을 완전히 회피하기도 한다는 점을 잊지 말라. 태미가 전혀 아무 얘기를 하지 않거나 다 죽어가는 목소리로 "모르겠어요"라고 말할 수도 있다.

진실의 문은 두드리는 만큼 열린다

"모든 진실은 막상 알고 나면 너무 쉽다.
알기까지가 어려운 것이다."
― 갈릴레오 갈릴레이 Galileo Galilei

:: O. J. 심슨 취조실 풍경

1994년 6월 13일 월요일 오후 1시 35분, 로스앤젤레스 경찰청 LAPD 형사 필 배내터 Phil Vannatter 는 녹음기를 켰다. 배내터와 그의 파트너 톰 레인지 Tom Lange 는 LAPD 본청 파커 센터 Parker Center 취조실에서 피곤함과 초췌함이 역력한 40대 후반의 한 남성과 함께 있었다. 배내터와 레인지는 전날 밤 벌어진 살인 사건 조사를 배정받아 와 있었.

니콜 브라운 심슨 Nicole Brown Simpson 과 그의 친구인 론 골드만 Ron Goldman 이 잔인하게 찔려 목숨을 잃었다. 조사 대상은 스포츠 영웅에서 영화배우로 전향한 O. J. 심슨^{O. J. Simpson}이었다. 그는 사건이 일어나기 2년 전 니콜과의 결혼 생활에 종지부를 찍었다. 배내터는 심문을 시작하면서 먼저 심슨에게 미란다 원칙을 읽어주었고 심슨은 변호사 대동 없이 형사들과 이야기하는 데 동의했다.

잠시 여기서 당신이 이 사건을 배정받아 심슨의 심문을 담당하게 되었다고 가정해보자. 배내터와 레인지에게는 없는 이점이 당신에게는 있다. 바로 모델이 있다는 점이다. 심슨이 회전의자에 앉아 있는 덕분에 그의 비언어적 행동은 더 자세히 드러날 것이고 그의 신체를 관찰하는 데 시야를 방해할 만한 요소는 아무것도 없다. 그러나 녹음기를 켜고 의자에 앉는 순간 냉혹한 사실을 하나 깨닫는다. 모델은 그것을 사용하는 과정에서 당신이 던지는 질문만큼만 쓸모가 있다는 것이다.

따라서 질문을 제대로 하는 것이 무엇보다 중요하다. 또 이번 심문이 결정적 단서가 될 수 있음을 인식해야 한다. 심슨이 전 남편이고 결혼 생활 중 가정 폭력으로 신고를 당한 적이 있다는 게 다가 아니다. 심슨의 포드 브롱코 차량에서 확실한 혈흔을 발견한 당신은 그날 아침, 심슨의 집을 범죄 현장으로 선언하고 수색영장을 발부받았다. 게다가 심슨은 의심스럽게도 손에 붕대까지 감고 있었다.

따라서 심문을 시작하는 당신이 알고 싶은 가장 중요한 정보는 명백하다. 심슨이 그 두 사람을 살해했는가? 하지만 무턱대고 이 질문을 던져 급소를 찌른다면 문제에 직면할 수도 있다. 심슨이 살인을 저질렀다면, 그는 분명 어떤 형태로든 "살인을 저질렀나요?"라는 질문을 받으리라 예상하고 있을 것이다. 그가 살인에 대해 거짓말을 하기로 했다면 "아니요" 이 한마디만 입 밖에 내어도 그의 목적은 달성되는 셈이다. 따라서 칼자루는 심슨이 쥔 것이다.

이를 막기 위해서는 심슨이 미처 예상하고 준비하지 못한 질문을 던져 어쩔 수 없이 당신이 원하는 정보를 제공하도록, 혹시라도 실패하면 최소한 당신이 읽을 수 있는 행동을 보이도록 유도하는 방식으로 접근해야 한다. 그런데 실제 심문 과정은 이 점에서 실패한 듯 보인다. 당시 현장으로 가보자.

1994년 6월 13일 오후, 배내터와 레인지 형사가 심슨을 상대로 실시한 심문은 약 30분가량 이어졌다. 두 형사는 먼저 니콜과의 관계를 묻는 것으로 심슨의 심문을 시작했고 약 4분쯤 지나자 전날 저녁에 초점을 맞추기 시작했다. 다음은 글로 옮긴 심문 중 일부를 발췌한 것으로, 심문 시작 후 약 4분경부터의 기록이다.

레인지 배내터, 어떻게 생각하세요? 우선은 지난밤에 관해 이야기해보는 게 좋겠는데요.

배내터 그래요. 마지막으로 니콜을 본 게 언제였습니까?

심슨 우린 무용 발표회를 보고 돌아가는 중이었어요. 니콜은 먼저 가고 저는 장인, 장모님과 얘기를 나누고 있었어요.

배내터 무용 발표회는 어디서 있었죠?

심슨 폴 리비어 고등학교요.

배내터 자녀분의 무용 발표회였나요?

심슨 딸 시드니의 발표회였습니다.

배내터 그게 어제 몇 시였습니까?

심슨 6시 30분이나 45분쯤 끝났을 겁니다. 왜 그 근처에 야구장이 하나 있잖습니까? 그러고는 다들 돌아갔어요.

배내터 '다들'요?

심슨 니콜과 그 가족, 장인, 장모님, 처제들, 우리 아이들요.

여기까지 보면 알겠지만 심슨이 죄를 저질렀다면 아직 유리한 입장이다. 심슨은 거의 확실하게 예상하고 있던, 니콜을 마지막으로 본 게 언제냐는 질문에 대비해 머릿속으로 미리 준비해 두었던 대본에서 조금도 벗어나지 않았다. 그 후 14분 동안 심슨은 계속해서 주도권을 쥐고 자신의 자동차와 여자 친구인 파울라 바비에리Paula Barbieri, 골프 경기 참가차 밤새 시카고에 간 일, 손에 난 상처, 니콜과의 관계, 전날 밤 복장, 빡빡한 일정에 대한 질문에 편안하게 대답했다. 심문을 시작한 지 18분쯤 지났을까, 배내터가 돌연 대화 주제를 심슨의 빡빡한 일정으로 바꾸었다.

배내터 심슨 씨, 문제가 좀 있습니다.

심슨 음… 흠.

배내터 심슨 씨의 자동차와 집에서 혈흔이 발견됐습니다. 이건 문제가 될 텐데요.

심슨 그렇다면 내 혈액을 채취해 검사해 보세요.

레인지 네, 그러는 게 좋겠습니다. 그리고 손가락에 난 상처 말인데요. 아직 명확한 해명이 없으셨습니다. 마지막으로 니콜의 집에 갔을 때 난 상처라고 기억하십니까?

심슨 (잠시 멈춤) 일주일 전이요?

레인지 네.

심슨 아니요. 지난밤에 난 겁니다.

레인지 그렇군요. 그러니까 지난밤에 난 상처라는 거죠?

배내터 발표회가 끝난 후인가요?

심슨 집에서 서둘러 나오다가 어디선가 난 겁니다.

배내터 그러니까, 발표회 후란 말씀이군요?

심슨 네.

배내터 심슨 씨가 보기엔 무슨 일이 있었던 것 같습니까?

심슨 전혀 모르겠습니다. 당신들이 아무것도 말해주지 않았잖습니까. 나는 무슨 일이 있었는지 전혀 모릅니다. 당신들도 말했잖습니까. 우리 딸이 다른 누군가가 연루되었을지도 모른다는 것을 오늘 내게 말했다고요. 전 어떻게 된 일인지 전혀 모릅니다. 어떻게, 왜, 무슨 짓을 했는지 몰라요. 그러니까 당신들이 아무것도 말해주지 않았잖아요. 물어볼 때마다 이따가 말해준다고만 하고요.

배내터 그게, 저희도 이런 의문들에 대한 답을 많이 찾지 못해서 그렇습니다. 아시겠어요?

형사들은 "심슨 씨, 어젯밤 니콜 집에서 무슨 일이 있었습니까?"

라는 추정 질문으로 심문을 시작하는 대신 심슨에게 18분을 주어 자기 입장의 이야기를 확실하게 정하도록 한 뒤 의견 질문의 형태로 "심슨 씨가 보기엔 무슨 일이 있었던 것 같습니까?"라는 핵심적인 질문을 던졌다.

그 순간 심슨은 완전히 곤경에서 벗어났다. 배내터가 한 질문은 심슨이 전날 밤 니콜의 집에 있지 않았고, 따라서 무슨 일이 있었는지 추측할 수밖에 없다고 추정하는 것이다. 이 때문에 심슨은 아주 쉽게 "전혀 모릅니다"라고 대답할 수 있었다.

이후 형사들은 한층 더 불리한 입장이 되었다. 심문의 마지막 12분 동안에는 의미 있는 정보를 거의 얻어내지 못했다. 올바른 질문만 했다면 조사에 들어간 첫날 자백을 받아낼 수 있었을까? 모를 일이다. 하지만 확실히 알 수 있는 건 잘못된 질문을 했을 때 어떤 결과가 나타나는가 하는 것이다.

∷ 추정 질문으로 게임의 주도권을 쥐어라

여기서 형사 역할은 잠시 접어두고 만일 당신이 죄를 지은 심슨이라면 어떤 태도를 보일지 생각해보자. 당신은 지난밤 입에 담기 어려울 만큼 끔찍한 일을 저질렀고 왜 그런 일을 저질렀는지조차 잘 모른다. 그저 자제심을 잃고 꿈같은 몇 초간 정신이 나갔었는데 지금은 무서워서 죽을 것만 같다. 이 시점에서 당신의 유일한 전략은 이 수사과정과 법적 절차 전체가 어떻게 펼쳐질 것인지 가늠해보고 그저 게임에서 한 발짝 앞서 나가려고 노력하는 것뿐이다.

당신은 심문을 받기 위해 LAPD 본청에 소환되었고, 지난 세월 당신과 니콜 사이에 있었던 몇 가지 문제 때문에 용의자로 의심받을 만하다는 것을 알고 있다. 경찰은 분명 당신이 그런 짓을 했는지 물어볼 것이고 당신은 "아니요"라고 대답할 것이다. 그렇게 해서 당신은 파커 센터에 출두하고 형사들은 당신을 취조실로 데려가 미란다 원칙을 읽어준다. 이제, 심문이 다음과 같이 시작된다고 상상해보자.

"심슨 씨, 우선 나와 주셔서 감사합니다. 기꺼이 응해주신 점도 대단히 감사드리고요. 자녀들이 많이 걱정되시는 거 잘 압니다. 빨리 아이들에게 돌아가 괜찮은지 확인하고 싶으시겠죠. 그래서 밝히고 싶은 것이 많긴 하지만 가장 중요한 문제에만 집중하겠습니다. 심슨 씨, 당신에게 물어야 할 가장 중요한 질문은 이겁니다. 지난밤 니콜 집에서 무슨 일이 있었지요?"

침묵이 흐른다. 당신은 이 질문을 '처리'할 시간이 필요하기 때문이다. 이런 질문을 예상치 못했다는 사실은 제쳐두고라도, 질문을 처리하는 데 시간이 걸릴 수밖에 없는 이유는 당신에게 던져진 질문의 유형에서 찾을 수 있다. "지난밤 니콜 집에서 무슨 일이 있었지요?"라는 질문은 '추정 질문'이다. 지금 손에 쥔 문제에 대해 무언가를 추정하는 질문이란 얘기다. 이 사건에서 "지난밤 니콜 집에서 무슨 일이 있었지요?"라는 질문은 심슨이 니콜의 집에 있었고 아직 털어놓지 않은 어떤 정보를 가지고 있을 가능성이 있음을 추정한다.

추정 질문을 '유도 질문 leading question'과 구분하는 것이 중요하다. 유도 질문이란 할 말을 알려주고 그대로 대답하게 하는 것이다. 예를 들어 "당신은 지난밤 니콜 집에 있었어요. 그렇죠?"와 같은 식이다.

추정 질문이 왜 그토록 강력한지 이해하기 위해서는 '죄가 있는' 심슨 역할을 접고 '무고한' 심슨 역할을 해보면 된다. 만약 당신이 죄가 없는 상황에서 똑같은 질문을 받았다면 그 즉시 대답을 할 것이다. 머뭇거릴 이유가 없다. 아마 당신은 "내가 아는 거라곤 그녀가 살해당했다는 것뿐입니다"와 같은 반응을 보일 것이다. 하지만 '죄가 있는' 심슨의 입장이 되면 그 질문을 처리해야 한다. 이제는 형사들이 어떤 사실을 알고 있을지 고려하고 이것이 앞으로의 게임 전개에 어떤 영향을 미칠 것인지 따져봐야 한다.

이 과정에는 얼마간의 시간이 걸리므로 당신은 순간적으로 말을 끊고 다음과 같이 대답을 만들어낼 시간을 벌려고 할 것이다.

"지난밤 니콜 집에서 무슨 일이 있었느냐고요? 무슨 일이 있었는지 나한테 묻는 겁니까? 내가 어떻게 알겠습니까? 지난밤 그 집 근처엔 얼씬대지도 않았다고요!"

:: 미끼 질문으로 불안감을 증폭시켜라

이제 다시 형사의 입장으로 돌아가보자. 이 시점에서 심슨은 자신의 게임 계획이 아직 유효하다고 느낄 것이다. 그렇다면 다음에는 어떤 질문을 던져야 할까? 당신은 본능에 따라 "지난밤 어디 있었죠?"라고 질문하고 싶을 것이다.

하지만 이 질문에는 잠재적인 문제가 있다. 이는 "당신이 그랬습니까?"라는 질문에 잠재된 문제와 비슷하다. 심슨은 거의 확실히 이 질문을 예상하고 있고 그에 대한 답변을 준비해 놓았을 것이다. 이 답변을 테이블에 내놓을 기회를 줌으로써 그는 자신의 전략을 원래 계획대로 펼칠 수 있게 되고 당신은 더 어려운 상황에 부닥치게 된다. 그보다는, 지난밤 니콜의 집에서 벌어졌던 일을 묻는 당신의 질문에 심슨이 거짓 답변을 제시한 후 다음과 같은 식으로 다음 질문을 던진다고 해보자.

"좋습니다, 심슨 씨. 이해합니다. 제가 명확하게 설명해 드리지요. 이번 사건은 당신이 어떤 인물인가에 관한 것이기 때문에 굉장히 중요합니다. 가능한 모든 경찰력을 총동원해서 이번 사건을 해결해줬으면 하시겠지요? 그 점에 대해서는 걱정하지 않으셔도 됩니다. 현재 동원할 수 있는 인력을 전부 이 사건에 투입하고 있습니다. 사실 지금 이 순간에도 경찰들이 사건 해결을 위해 니콜 씨 집 주변을 샅샅이 뒤지고 있습니다. 심슨 씨, 이웃이 지난밤 근처에서 당신을 봤다고 얘기할 이유가 조금이라도 있을까요?"

또다시 침묵이 흐른다. 당신이 던진 질문은 이전 질문처럼 심슨으로 하여금 상황을 처리해야 하는 입장으로 내몬다. 이번에 당신이 던진 질문을 우리는 '미끼 질문 bait question'이라고 부른다. 미끼 질문은 '마인드 바이러스 mind virus'라는 심리적 원리에 따라 작동하는 가설적 질문이다.

예를 들어 월요일 아침 사무실에 들어서는데 직장 동료가 다가와 "사장님이 지금 당장 사장실에서 보자시네요"라고 말한다. 무슨 일이냐고 묻자 동료는 "잘 모르겠지만 '지금 당장'이라고 말씀하셨어요"라고 대답한다. 이런 상황에서 당신이라면 사장이 오랫동안 기다려온 임금 인상 얘기를 꺼내려나 보다 하고 흥분된 반응을 보일까?

아마 그렇지 않을 것이다. 그보다는 '뭐가 잘못됐지?' 하고 궁금해질 것이다. 이제 바이러스가 급속히 퍼지기 시작한다. '도대체 뭐가 문제일까, 각각의 문제에는 또 어떻게 대응해야 할까?' 등 수만 가지 시나리오가 머릿속에 떠오르면서 가슴이 쿵쾅거린다. 그리고 각 상황의 결과에 대해 생각하기 시작한다. 문제가 무엇인지 알기도 전에 바이러스가 당신을 장악해버리는 것이다.

사람들은 종종 이런 바이러스성 사고를 기반으로 결정을 내리는데, 미끼 질문은 가설적 질문을 제시함으로써 이 사실을 이용하는 것이다. 굉장히 효과적으로 사용할 수 있는 문구가 "혹시 …할 이유가 있나요?"이다. 표현이 암시적일수록 마인드 바이러스는 더 강해진다는 점을 명심해라. 표현이 명확하면 명확할수록 사람은 그것에 대해 따져볼 기회를 더 많이 얻게 된다. 만약 심슨에게 혹시 옆집 사람이 그곳에서 당신을 봤다고 말할 이유가 있을지 묻는다면 심슨에게 그 질문을 피해 갈 더 좋은 기회를 주는 것이다. 하필 그때 옆집 사람이 집에 없을 수도 있으므로 그는 즉시 "아니요"라고 대답할 것이다. 그러므로 질문은 포괄적일수록 더 좋다.

이때 중요한 것은 '미끼'와 '허세'를 구분하는 것이다. 할리우드 영화에서 자주 벌어지는 상황과 달리 현실에서는 허세가 통하는 경우가 극히 드물다.

다시 형사 역할로 돌아가서 심슨에게 이렇게 묻는다고 가정해보자. 당신이 "지난밤 니콜 집 근처에 있었던 게 당신이라고 누가 그러던데요"라고 말하면, 심슨은 당신이 허세를 부린다고 확신하거나 강하게 의심하고는 "누가요?"라고 물어볼 수 있다. 거기서 당신이 누구인지 알려주길 꺼리거나 거부하면 당신은 그의 적이 된다. 협조를 얻기는커녕 당신의 관심사와 그의 관심사의 차이를 더욱 넓힌 셈이 된다. 따라서 미끼 질문을 끝까지 고수해야만 탄탄한 근거를 지킬 수 있다.

심슨이 유죄라면 "혹시 이웃 사람이 지난밤 당신을 거기서 봤다고 말할 이유가 있을까요?"라는 질문에 어떻게 대답할까? 심슨은 그런 가능성을 열어두는 것이 자신에게 가장 유리하리라 여기고 이런 대답을 제시할 수 있다.

"가끔 그 주변을 지나가기는 합니다. 아이들을 보려고 잠깐씩 들르기도 하고요. 지금 생각해보니 그날 밤 차를 몰고 그곳을 지나갔던 것 같습니다. 하지만 방에 불이 꺼져 있어 집에 들르진 않았습니다."

그가 이런 식으로 대답했다면 당신은 두 가지 질문을 한 것이고 그가 솔직하지 않음을 상당히 확신할 수 있다. 심지어 당신은 그를 범죄 현장에 데려가 놓은 것 같은 효과를 얻을 수 있다. 아직 자백한 것이 아니므로 아주 유리한 고지에 올랐다고 할 수는 없지만, 분명 진전은 있는 것이다.

:: 신뢰도와 중립성 문제

추정 질문과 미끼 질문의 매력적인 점은 어떤 측면에서도 그 상황에 대한 사실과 충돌하지 않는다는 것이다. 무고한 사람은 이런 질문을 처리하지 않고도 대답할 수 있기 때문이다. 심슨이 그곳에 없었다면 그가 할 수 있는 일이라곤 "아니요"라고 대답하는 것뿐이다.

그런데 추정 질문과 미끼 질문에는 효과가 굉장히 강력하다는 점 말고도 두 가지 공통점이 있다. 첫째, 둘 다 정보 수집 과정에 활용이 가능한 유통기한이 있다. 너무 지나치게 사용하면 상대방이 당신이 뭘 하려는지 알아차릴 가능성이 높아진다. 그러면 상대방은 방어적인 태도를 보일 것이고, 당신이 어떤 식으로든 자신을 속이거나 불리한 방향으로 이끌려 한다고 여길 것이다. 우리가 경험해본 결과 추정 질문과 미끼 질문은 일반적으로 한 시간가량의 상호작용 과정에서 두세 번 이상 사용해서는 안 된다.

둘째, 모든 질문은 가능한 한 중립적으로 전달되어야 하지만 추정 질문과 미끼 질문은 특히 중립성이 중요하다. 상대방이 각 질문에 어떤 식의 대답이 나올 것인지를 당신이 미리 계산해두었다고 느껴서는 안 되기 때문이다. 이 중립성은 당신이 질문에 사용하는 단어들과 질문할 때의 어조나 태도를 통해 전달된다. 따라서 어떤 식으로도 강조하지 말고 매우 사무적인 태도로 질문을 해야 한다.

중립성이 특히 중요한 이유가 하나 더 있다. 질문에 거짓 대답이 돌아오면 그러한 행동이 질문을 하는 방식이 아닌 질문 자체와 관련이 있는 것이길 바랄 것이다. 상대방이 거짓말을 하기로 했다면 추정 질문과 미끼 질문은 거짓 행동을 더욱 증폭시키는 경향이 있다. 또 상대방으로 하여금 '게임 계획을 변경해야 하는 게 아닌가'라고 생각하게 압박해 자신도 모르게 정보를 흘리게 하는 데에도 효과적이다.

원래 심슨의 게임 계획은 "아니요. 제가 한 짓이 아니에요. 저는 아무것도 몰라요"라고 말하는 것이었을지 모른다. 지난밤 니콜의 집에서 무슨 일이 벌어졌는지 묻는 말에 여전히 자신의 짓이 아니라고 말하고 싶겠지만 심슨은 이제 좀 더 협조적으로 보이기 위해 어떤 정보를 나눌 것인지에 대해 생각해야 하는 입장이 되는 것이다. 상대가 '뭔가를 나누고 싶다'는 생각을 하게 되면 다른 정보들을 탐색할 수 있는 기회가 되기도 한다.

추정 질문이 얼마나 강력한 효과가 있는지 이해하기 쉽게 필이 처음 추정 질문을 사용했던 사건을 소개하겠다. 당시 필은 난생처음 인터뷰를 하고 있었다. 대상은 남자 간호사였다. 여기서는 그를 '톰'이라 부르겠다.

톰은 이전 직장이었던 병원에서 규제 약물을 훔쳤다는 의심을 받아 쫓겨났다. 톰이 일하던 층에서 약물이 사라지는 일이 반복적으로 발생하면서 조사가 시작됐고 그가 범인일 가능성이 가장 큰 것으로 결론이 났다. 조사가 진행되는 내내 톰은 사건과의 연관성을 부인했고 이제는 새로운 병원에 입사 지원서를 넣고 있었다.

톰의 배경과 행동을 통해 그가 조사에서 진실을 말하지 않았다고 의심하게 된 필은 그에게 사라진 약물을 훔쳤는지를 물어보는 대신

"사라진 약물 중에서 당신이 가져간 건 얼마나 됩니까?"라는 추정 질문으로 심문을 시작하기로 했다. 톰은 한참 동안 말을 잇지 못했다. 필의 질문을 처리하고 있는 게 분명했다. '저들이 알아낸 게 뭐지?' 하고 생각했을 것이다. 결국, 더 이상의 밀고 당기기는 필요하지 않았다. 필은 그저 그곳에 앉아 끈기 있게 기다렸고, 톰은 결국 그 약물의 대부분을 훔쳤다는 사실을 털어놓았다.

필은 이 사건에서 추정 질문이 성공을 거둔 가장 중요한 이유는 최대한 절제되고 사무적인 태도로 질문했기 때문이라고 생각했다. 결과적으로 톰은 감정을 다치지도, 모욕감을 느끼지도 않았다.

우리는 거짓말을 하는 사람이 추정 질문을 받고 화를 내거나 분해하는 것은 대개 질문하는 사람을 물러서게 할 전략의 다른 모습임을 알아냈다. 진실을 말하는 사람은 일반적으로 기분이 상하지 않는다. 상대는 그저 할 일을 하는 것뿐이라고 생각하기 때문이다. 따라서 절제되고 중립적인 태도를 유지할 수만 있다면 그러한 질문을 던지는 데 주저하지 말아야 한다. 자, 만약 톰이 자백하지 않았다면 어땠을까? 필의 다음 질문은 미끼 질문이 됐을 것이다.

"혹시 당신이 병원에서 퇴사한 후 약물 도난에 당신이 관련돼 있다고 새롭게 생각할 만한 이유가 있을까요?"

이 질문으로 톰의 게임 계획은 더욱 구체화되었을 것이다. 추정 질문에 대한 대답이 "수사관에게 이미 말했듯이 저는 이 일과 아무 관련이 없습니다"와 같은 식이었다면 필은 톰의 게임 계획이 조사 중 효과를 본 전략을 그대로 고수하는 것임을 알아차릴 것이다. 미끼 질문의 목표 중 하나는 그가 게임 계획을 변경하게 하는 것이다.

:: 원하는 정보를 어떻게 얻을 것인가

우리가 이용할 수 있는 질문에는 수많은 유형이 있지만 여기서는 목적상 모델을 실전에 적용하는 데 가장 도움이 되는 질문들에 초점을 맞추겠다. 추정 질문과 미끼 질문의 유통기한이 다 되었을 때 사용할 수 있는 몇 가지 주요 질문 유형을 살펴보자.

개방형 질문과 폐쇄형 질문

흔히 말하길 가장 좋은 질문 형태는 '개방형 질문 open-ended question'이고, 가장 안 좋은 질문 형태는 '폐쇄형 질문 closed-ended question'이라고 한다. 개방형 질문은 필요한 정보를 꾸준히 얻을 수 있게 하지만 폐쇄형 질문은 이런 흐름을 제한해 정보 수집이 단발적으로 끝나버리기 때문이다. 그렇다면 개방형 질문이 본질적으로 더 나은 것일까?

예를 들어 현금이 든 봉투가 있다고 가정하자. 원하는 만큼 질문을 해서 액수를 알아맞히면 봉투에 든 현금을 가질 수 있다. 유일한 제한점은 폐쇄형 질문이 아닌 개방형 질문만 허용된다는 것이다. 개방형 질문은 끝도 없이 할 수 있지만 결국에는 화가 나서 포기해버릴지도 모른다.

사실 질문 유형 하나만을 가지고 최상의 질문이라고 말할 수는 없다. 질문의 적절성은 상황과 수집하려는 특정 정보에 전적으로 좌우된다. 개방형 질문은 토론을 위한 정보를 수집할 때에 가장 유용하다. 최상의 효과를 얻기 위해서는 여기에 추가적인 단계가 필요하다.

당신이 경찰관이 되어 자동차 사고 현장에 호출되었다고 상상해 보라. 현장에 도착하니 교차로에서 충돌한 두 대의 차량이 보인다. 하나는 댄의 차량이고 다른 하나는 다나의 차량이다. 댄과 다나는 서로를 향해 소리 지르며 싸우고 있다. 당신은 둘을 떼어놓으면서 다나를 먼저 한쪽으로 잡아당긴다. 살펴봐야 할 정보가 좀 있는데, 이 정보는 개방형 질문을 통해 얻을 수 있다. 따라서 당신은 먼저 "무슨 일입니까?"라고 묻는다.

"메인가를 올라오는데 교차로가 나왔어요. 빨간불이어서 멈췄죠. 20초쯤 지나 신호등이 파란불로 바뀌었고 전 교차로로 들어섰어요. 그런데 이 사람이 갑자기 튀어나오더니 제 차를 들이받았어요."

자, 사건을 해결하기 위해서는 가능한 한 확실한 정보를 원할 것이다. 따라서 당신은 다나가 진술한 내용을 자세히 들여다보고 뭔가 중요한 것, 특히 다나의 답변 중에서 가장 중요한 것을 찾아낸 후 사실 여부를 따져봐야 한다. 이때 가장 좋은 방법은 사건과 관련된 구체적인 사실을 얻기 위한 폐쇄형 질문을 사용하는 것이다.

이 경우 가장 중요한 정보는 아마도 다나가 교차로에 들어섰을 때 신호등이 무슨 색이었는지일 것이다. 당신은 폐쇄형 질문을 던지고, 다나는 "이미 말씀드렸잖아요. 파란불이었어요. 전 운전 경력이 20년

이에요. 한 번도 사고를 낸 적이 없다고요"라고 답한다. 이를 통해 당신은 참조 진술 하나와 설득력 있는 진술 둘을 받아낸 셈이다. 바로 거짓말을 탐지하는 순간이고, 당신은 다나와 할 얘기가 더 남았다고 판단한다.

이러한 질문을 할 때는 당신이 곱자 모드에 있는지 항상 확인해야 한다. 폐쇄형 질문은 응답이 굉장히 빨리 올 수 있는데 이 순간의 거짓말을 잡아낼 수 있다면 엄청나게 가치 있는 정보가 될 수 있다. 그러니 이러한 폐쇄형 질문도 잘못된 질문이 아니라는 점을 명심하자. 제대로만 사용한다면 꾸준히 정보를 끌어낼 수 있다. 폐쇄형 질문은 이러한 정보의 흐름을 더욱 촉진한다.

의견 질문

정보 수집 과정에서 중요한 또 다른 질문 유형은 '의견 질문 opinion question'이다. 특히 유용한 의견 질문의 사례에 대해서는 앞에서 "이런 짓을 한 사람은 어떻게 해야 한다고 생각하는가?" 하는 처벌 질문을 살펴보면서 설명했다. 어떤 사람에게 의견을 물을 때는 항상 이 모델을 사용해서 그 사람의 답변을 평가하라. 그 사람이 진심으로 자신이 말하는 의견을 믿는지 판단하는 데 도움이 될 수 있다.

포괄적 질문

마지막으로 강조하고 싶은 질문 유형은 '포괄적 질문 catch-all question'이다. 이 질문 유형은 생략에 의한 거짓말을 가려내기 위한 것으로, 중요한 문제를 놓쳤을 때 안전망 같은 역할도 한다.

심문 과정 중에 포괄적 질문을 던지는 걸 고려해야 하는 시점이 두 번 있다. 첫 번째는 심문 도중에 특정 관심 주제에 관한 대화를 마무리할 때이다. "이 사람과의 관계에 대해 더 얘기해야 할 것이 있습니까?"와 같이 질문할 수 있다. 두 번째는 심문을 마치면서 관련이 있으나 아직 표면으로 떠오르지 않은 정보를 건져내기 위해 넓은 망을 던질 때이다. "내가 더 알아야 할 내용 중 빠진 것이 있습니까?"와 같은 질문을 던질 수 있다.

앞서 예로 들었던, 발에 대한 변태적 성욕을 충족시키기 위해 아내에게 마약을 투여한 입사 지원자와 수잔의 면담을 기억하는가? 이처럼 머릿속에 숨어 있던 어떤 생각들이 포괄적 질문에 반응하여 튀어나올지는 그 누구도 알 수 없다.

:: 효과를 두 배로 올리는 질문법

모델은 그것을 사용하는 과정에서 당신이 던지는 질문만큼만 쓸모가 있다는 것을 잊지 말라. 당신이 분석할 행동은 자극, 즉 당신이 던진 질문의 직접적인 결과이기 때문에 자극을 어떤 방식으로 제시하는가에 따라 분석의 정확성과 유용성이 크게 달라진다. 따라서 여기에서는 가능한 한 명확한 질문을 만들기 위해 염두에 두어야 할 네 가지 요령을 소개하겠다.

짧게 질문하라

가능하면 질문은 짧게 만들어라. 앞에서도 언급했지만, 질문을 받는 상대방은 질문하는 사람보다 열 배는 빠르게 생각한다. 따라서 질문이 지루하게 길어지고 초점이 없으면 상대방은 자신의 의도대로 쉽게 답을 회피하거나 본질을 흐리는 답변을 할 수 있다.

단순하게 질문하라

복잡한 문장 구조와 어려운 어휘를 사용하여 자신의 지적 수준을 전달하려는 사람들이 있다. 부디 그런 덫에 걸리지 않길 바란다. 상대방이 당신의 질문을 완전하게 이해하지 못한다면 그의 답변 또한 별 의미 없는 행동일 가능성이 높다. 더 나아가 거짓처럼 보이는 행동이 나타나도 그 행동은 상대방의 혼란에 지나지 않은 것일 수 있다.

의미가 명확하게 질문하라

질문이 모호하면 상대방이 질문을 어떻게 이해하는지 알 길이 없다. 의심스러운 행동이 나타나더라도 무엇에 대한 반응인지를 모르게 된다. 그런 행동이 신경 써서 봐야 할 행동일 수도, 본질적으로 아무 관련 없는 행동일 수도 있다.

솔직하게 질문하라

질문하는 사람이 솔직한 태도를 보일수록 상대방에게 신뢰를 얻고 결과적으로 더 많은 협조를 받을 가능성이 높아진다. 본질적으로 신뢰가 오갈 수 없는 상황도 물론 있다. 거짓말 조사관으로 활동한 수십 년 동안 조사를 받으러 와서 "얼마나 신 나고 흥분되는지 모르겠어요"라고 말한 사람은 한 명도 없었다. 우리가 바랄 수 있는 최선은 언젠가는 "거짓말 조사관치곤 그리 나쁘지 않았어요" 같은 말을 듣는 것이다. 진실하고 솔직하다는 인상을 준다면 그런 말을 들을 시기가 더 빨리 찾아올 것이다.

:: 대화를 내 뜻대로 주도하는 질문 만들기

정보 수집 과정에서 가장 중요한 질문 중 하나는 아마도 "또 뭐가 있죠?"(혹은 "또 없어요?")가 아닐까 싶다. 이 세 마디는 상대방에게 털어놓아야 할 정보를 골라야 하는 게 전혀 쉽지 않은 작업이라고 느끼게 한다. 이 질문은 또 후속 질문들이 얼마나 중요한지 보여주는 좋은 예이기도 하다.

'확실히 해줄 것clarification'을 요구하는 것도 훌륭한 전략이다. 상대방이 뭔가 명확하지 않은 말을 할 때에는 반드시 확인하고 다음 질문으로 넘어가야 한다. 그것이 평소 잘 쓰지 않는 낯선 약자처럼 간단한 것일 수도 있다. 그래도 모른다면 물어보라. 나중에는 물어볼 기회가 없을 수도 있다.

더 파고들어야 할 시기와 방식을 알고 있느냐에 따라 질문이 계속 이어질 수도 있고 끊어질 수도 있다. 다음은 질문을 할 때 잊지 말고

지녀야 할 무기와도 같은 주요 후속 질문 유형이다.

평가

상대방이 털어놓은 정보를 시험할 때 사용한다.

"왜 그런 얘길 하는 겁니까?"

"그게 사실인지 어떻게 압니까?"

"무슨 근거로 그런 얘길 합니까?"

탐구

추가 정보를 얻고자 할 때 사용한다.

"또 뭐가 있죠?"

"계속 얘기해보세요."

"이해가 안 됩니다."

규명

상대방이 털어놓은 정보를 명확하게 이해했는지 확인할 때 사용한다.

"어떤 '샘Sam'을 말하는 겁니까?"

"떠난 시간을 다시 한 번 말씀해주십시오."

"더 오래 머물렀을 수도 있습니까?"

리드할 것인가, 끌려갈 것인가

"한 번 자신에게 거짓말을 허락하면
두 번째, 세 번째 거짓말은 훨씬 쉬워져
결국 습관이 된다."
— 토마스 제퍼슨 Thomas Jefferson

:: 상대를 유리한 고지에서 끝이내려라

배내터 형사가 파커 센터의 경찰 취조실에서 녹음기를 켜면서 '고양이와 쥐 게임 고양이가 쥐를 놀리고 괴롭히면서 가지고 놀듯이 어떤 사람이 상대방을 마음대로 조종하면서 가지고 노는 상태를 일컬음 – 옮긴이'은 시작됐다. 누가 유리한 입장이었을까? 손에 의심스러운 상처가 난 피곤한 남자였을까, 아니면 수색영장을 발부받아 남자의 집을 수색할 수 있을 만큼 충분한 증거를 수집한 경험 많은 두 형사였을까? 심슨이 유리한 입장이었다는 것은 언뜻

이해가 잘 안 될 수도 있다. 하지만 그 이유는 너무나 간단하다. 그리고 이것이 바로 우리가 거짓말을 탐지하고자 할 때 처하게 되는 현실이다.

분명한 사실은, 질문을 받는 사람이 애초에 질문자보다 유리한 위치에서 시작한다는 것이다. 그가 바로 정보를 가진 사람이기 때문이다. 그는 질문자가 필요로 하는 정보를 자신이 가지고 있다는 것을 이미 안다. 유리한 입장에 서기 위해 펼치게 될 고양이와 쥐 게임에 대비하면서 우리는 '벼랑 끝 순간 cliff moment'이라고 부르는 심리학적 개념에서 많은 도움을 받을 수 있다.

당신이 어떤 사람에게 정보를 요구하는데 그 사람은 당신과 정보를 나누길 원하지 않을 때 그는 아마 속으로 이렇게 생각할 것이다. '이러이러한 얘기는 할 수 있지만 이러이러한 얘기는 하면 안 돼. 얘길 다 해버리면 나만 불리해질 테니까.' 그에게 이런 상황은 한 발짝만 더 내디디면 살아날 가망이 전혀 없는 벼랑 끝에 서 있는 것이나 다름없다. 그래서 '이 얘기까지만 해야겠어' 하고 생각하는 것이다. 따라서 상대방이 게임 계획을 세우는 동안 당신은 행동심리학자들이 '심리적 참호 구축 psychological entrenchment'이라 부르는 것을 예방할 수 있는 방향으로 계획을 세워야 한다.

취조실에서 마주 앉은 상대방은 이미 어떤 말을 할 것인지, 왜 그런 말을 해야 하는지에 대해 어느 정도 생각을 하고 나왔을 것이다. 당신의 질문에 진실한 대답은 "예"인데 상대방이 "아니요"라고 대답한다면 그는 거짓말을 한 것이고 그럴 만한 이유가 있는 것이다. 상대방이 같은 질문에 다시 대답해야 하는 상황에 놓이면 심리적 참호 구축이 시작된다. 그는 어쩔 수 없이 자신의 입장을 고수하기 위해 다시 거짓말을 해야 한다. 그렇지 않으면 거짓말을 했다는 사실이 탄로 나기 때문이다.

이때 질문을 반복하여 대답을 강요함으로써 사실을 숨기려는 사람으로 하여금 거듭 거짓말을 하게 할 때마다 그의 참호는 더 깊어지고 그는 점점 유리한 위치에 서게 된다. 그가 사실을 털어놓을 수 있게 영향을 미치거나 독려하는 것이라고 생각할 수도 있지만, 그게 아니라 오히려 당신이 점점 불리해질 확률이 높다. 그에게 "아니요"라는 대답을 반복할 기회를 줄수록 그는 더욱 쉽게 "아니요"라고 대답하게 되는 것이다.

인터뷰를 할 때 '당신의 입에서 나오는 말은 모두 거짓말이 분명해'와 같은 부정적인 사고방식으로 접근한다면 아무것도 얻지 못할 것이다. 물론 상대방이 거짓말을 하고 있다면 더는 입을 열지 못하게 할 수는 있다. 그가 거짓말을 입 밖에 낼 기회를 최대한 주지 않는 것이다.

그러나 거짓말에 직면한 상황에서는 거짓말을 관리할 줄 알아야 한다. 이 같은 거짓말 관리를 통해 더욱 유리한 입장에 설 수 있도록 인터뷰 방식 및 접근 방법에 포함시켜 활용할 수 있는 몇 가지 기법을 알아보자.

:: 거짓 행동에 직면했을 때 대처하는 법

부정적 질문을 피하라

사람은 누구나 부정적 질문을 하기 마련이다. 때로는 본능적으로 그런 질문을 던지게 되는 것도 사실이다. 기대한 대답을 얻지 못하는 상황에서 우리는 부정적 질문 모드로 돌입하곤 한다.

예를 들어 어떤 사람에게 제한속도 이상으로 운전한 적이 있느냐고 물었는데 그가 "한 번도 그런 적 없습니다"라고 대답했다고 하자. 아마도 예상치 못했을 이런 대답이 돌아오면 자연스레 "제한속도를 어긴 적이 한 번도 없다고요? 한 번도요?"라는 반응을 보이기 쉽다. 하지만 일단 입 밖으로 대답을 내놓은 사람에게 그런 반응을 보이면 심리적 참호 구축을 피할 수 없게 된다는 것을 명심하라.

질문 전에 포석을 깔아라

프롤로그는 본격적인 질문에 앞서 하는 짧은 설명이다. 정보 펌프를 가동하기 위한 준비 단계로서, 상대방이 당신에게 정보를 제공할지 말지를 놓고 망설이고 있을 때 정보를 제공하는 쪽으로 결정하도록 영향을 줄 수 있다. 질문 프롤로그는 다음과 같이 하면 된다.

"다음으로 물어볼 것은 마약 사용에 관한 겁니다. 자, 본격적인 얘기에 앞서, 이 질문이 왜 중요한지, 우리가 무엇을 찾고 있는지 설명해 드리겠습니다. 무엇보다 많은 사람이 이런저런 일들을 경험해본다는 것은 저희도 잘 알고 있습니다. 그게 저희에게 특별히 문제 될 건 없습니다. 우리가 걱정하는 건 누군가가 심각한 마약 중독 문제를 겪고 있는지의 여부입니다."

질문 프롤로그에 포함할 수 있는 요소는 여러 가지가 있다. 한 가지 주요 요소는 '정당성 진술 legitimacy statement'이다. 쉽게 말해 질문을 하는 것이 문제를 해결하는 데 중요한 단계임을 설명하는 것이다. 단순히 그 질문을 하는 것이 중요하다는 사실을 말해주는 행동만으로도 상대방에게 더 많은 협조와 대답을 얻을 수 있다는 사실이 다소 놀라워 보일 수도 있겠다. 하지만 이때는 대단히 흥미로운 인간 행동이 작용하고 있는 것이다.

애리조나주립대학교 로버트 치알디니 Robert Cialdini 교수는 그의 저서 《설득의 심리학》에서 자동 반응 패턴과 이러한 패턴이 인간 행동에 얼마나 자주 나타나는지에 대해 설명했다. 그는 복사기를 사용하기 위해 줄을 서 있는 사람들에게 다른 사람들이 끼워달라며 접근하는 실험에 대해 언급했다. 급한 이유를 설명하면서 끼워달라고 했을 경우 94퍼센트가 복사기를 먼저 쓸 수 있었지만, 이유를 설명하지 않으면 성공 확률이 60퍼센트로 떨어졌다. 더 나아가 "복사를 좀 해야 해서요"와 같이 본질적으로 의미가 없는 이유를 댄 경우에도 비율이 93퍼센트로 올라갔다. 결론적으로 사람들은 타당성 진술에 반응하며 이는 그러한 진술에 큰 의미가 없는 경우에도 크게 달라지지 않았다.

'합리화 rationalization' 또한 질문 프롤로그에서 의미 있는 역할을 할 수 있다. "완벽한 사람은 없다"나 "누구나 실수를 한다"와 같이 어떤 행동에 대해 사회적으로 쉽게 받아들여지는 이유를 제시하면, 마음을 터놓고 질문에 대답하고자 하는 상대방의 의지에 엄청난 영향을 미칠 수 있다.

마찬가지로 '최소화 minimization'도 심리적 참호 구축을 차단하는 데 효과적인 도구가 될 수 있다. 이 경우 "이 문제를 부풀리고 싶어 하는 사람은 아무도 없다"와 같은 진술이 도움이 될 수 있다. 그와 동시에 잘못된 정보로 상대방을 오도하지 않는 것이 무엇보다 중요하다. 예를 들어, 논의가 범죄행위로 모아지고 있는데도 그것이 범죄가 아니라고 추론하게 해서는 안 된다는 말이다.

질문 프롤로그에 포함할 수 있는 마지막 요소는 '비난의 투영 projection of blame'이다. 예를 들어 회사의 부적절한 회계 활동을 조사하는 과정에서 이러한 비난의 투영은 다음과 같은 식으로 전달될 수도 있다.

"가끔 보면 진짜 문제는 충분한 시간을 들여 사람들에게 적절한 절차가 무엇인지에 대해 설명하지 않는다는 것입니다. 그 결과로 이런 말도 안 되는 일이 일어나는 것이고요."

마지막으로 명심해야 할 것은 질문 프롤로그를 과용해서는 안 된다는 점이다. 가장 중요한 주제를 논의할 때를 위해 아껴두어야 한다.

심리적 알리바이를 극복하라

질문을 던졌는데 "기억이 안 납니다" 혹은 "그런 기억은 없는데요"와 같은 대답이 돌아오면 상당히 짜증이 날 수 있다. 앞에서 지적했듯이 선택적 기억은 골칫거리다. 그것이 알리바이일 경우에는 무척이나 깨기가 어렵기 때문이다. 무엇인가를 기억하지 못한다는 답변은 분명 정당성이 있을 수 있고, 질문에 따라 "내가 아는 한은 아닙니다"와 같은 진술은 충분히 적절하고 진실한 대답일 수 있다.

만일 상대방이 정보를 주지 않을 생각으로 이 같은 진술을 사용한다는 의심이 들면, 우선 심리적 참호 구축이 진행되지 않도록 하는 것이 중요하다. 타고난 성향대로라면 "도대체 어떻게 그런 일을 기억 못 할 수가 있습니까?" 하고 묻고 싶겠지만, 그랬다간 상대방이 더욱 자신의 주장을 굽히지 않게 만들 뿐이다. 이럴 때 필요한 것은 상대방이 게임 계획을 바꾸도록 압박을 가하는 것이다.

가장 효과적인 방법은 미끼 질문으로 심문을 이어가는 것이다. 특정 개인을 만난 적이 있느냐 같은 질문에 "기억이 안 납니다"와 같은 대답이 돌아온다면, "혹시 둘이 함께 있는 걸 봤다고 누구든지 우리에게 말해줄 이유가 있을까요?"라는 질문을 던질 수 있다.

효과가 좋은 또 다른 전략으로 '가능성 전략'이 있다. 예를 들어, "좀 지난 일인 건 압니다만, 두 분이서 만났을 가능성이 있습니까?"와 같은 질문을 던지는 것이다. 이때 확신할 수는 없지만, 사람들은 종종 당신이 제시한 수수께끼를 알아차리기도 한다. 바로, 어떤 것이 불가능하다고 주장하는 것이 때로는 무의미할 수 있다는 사실이다. 그렇게 상대방으로 하여금 어떤 상황이 가능하다는 점을 인정하게 해서 첫 번째 장애물을 무사히 넘었다면 가능성 전략을 계속 이어갈 수도 있고 가능성을 현실로 옮겨갈 수도 있다. "좋습니다. 그 만남을 어떻게 기억하고 있습니까?" 하는 식으로 말이다.

초점을 넓혀라

유용한 정보를 더 많이 수집하기 위해 사용할 수 있는 또 다른 강력한 전술이 있다. 바로, 상대방이 한정된 답변을 내놓기 어렵도록 초점을 넓히는 것이다. 상대방이 거짓말 모드로 돌입하기로 마음을 먹었다면 그의 임무는 당신이 현실과 반대되는 무엇인가를 믿게 만드는 것이다. 이때 특정 질문들을 연이어 던지면서 초점 영역을 넓히면 상대방이 처음 계획했던 길에서 벗어나 당신에게 추가 정보를 제공하는 길로 들어서게 만들 수 있다.

우리가 CIA에서 인터뷰를 할 때 묻곤 했던 질문 중에 "불법 약물을 사용한 적이 있습니까?"라는 질문이 있었다. 가끔 "마리화나를 한 번 피워봤습니다"와 같은 대답이 나오곤 하는데, 그럴 때는 "그게 언제였습니까?"나 "누구와 함께했습니까?"와 같은 질문으로 심문을 이어가려고 하기 쉽다. 하지만 이처럼 상대를 옭아매는 질문은 더 많은 거부감과 심리적 참호 구축을 유발한다. 상대방으로부터 진실한 이야기를 듣고 싶다면 적이 되지 않으면서 정보를 얻을 수 있는 방식으로 질문해야 한다.

초점을 넓히면 앞서 이야기한 벼랑 저편에 무엇이 있는지에 대해 살펴볼 수 있다. 협곡에는 무엇이 있는지, 상대방이 모래 위에 그어 놓은 선 건너편에는 무엇이 있는지 등을 말이다. 이를 위해서는 먼저 원래 주제가 무엇이었는지를 명확히 해야 한다.

원래 주제는 "마리화나를 한번 피워봤습니다"였다. 이 주제를 더 깊이 파고들고 싶은 충동을 물리쳐야 한다. 이 정보는 이미 손에 들어왔으니 언제든지 깊이 살펴볼 수 있다. 따라서 그보다는 초점을 더 넓혀 다른 불법 약물을 사용했을 가능성에 대해 살펴보는 것이 더 바람직할 것이다.

효과적인 방법은 추정 질문을 사용하는 것이다. "좋습니다. 또 경험해본 약물은 어떤 게 있습니까?"나 "마지막으로 경험해본 게 언제입니까?"와 같은 질문이 예가 될 수 있다. 이렇게 상대방과 대립하지 않으면서 전문적인 방식으로 질문을 해나가면 상대방을 더는 물러날 수 없을 때까지 심리적으로 조금씩 밀어붙일 수 있다.

일단 일련의 정보를 얻은 후에는 반대 순서로 정보를 살펴본다. 이유는 간단하다. 상대방이 내놓은 마지막 정보가 가장 심각한 정보이고 가장 털어놓고 싶지 않았던 정보일 가능성이 높기 때문이다. 핵심은 우리가 상대방이 처음 얘기한 정보는 잘 받아들이지 않는다는 것이다. 이는 정보를 듣지 않은 것이나 다름없다.

최대한 대립을 피하라

거짓 행동을 다루다 보면 짜증이 날 수도 있다. 그리고 상황에 따라서는 화가 머리끝까지 치밀 수도 있다. 하지만 냉정해야 한다. 거짓에 직면해서는 대립하지 않는 접근 방식을 택하는 것이 항상 최선의 길이기 때문이다. 따라서 여기서는 몇 가지 행동 사례와 이를 다루는 방법을 제안한다.

<u>설득력 있는 진술</u> 6장에서 설명했듯이 설득력 있는 진술을 다룰 때 가장 좋은 전략은 이를 무효화시키는 것이다. 진술을 인정하거나 진술에 동의한 후 곧장 원래의 질문으로 돌아간다.

<u>배제 수식어구</u> 어떤 사람이 "꼭 그런 건 아닙니다", "대부분은 그렇죠", "기본적으로는 그렇습니다"와 같은 배제 수식어구를 사용하는 경우, 그의 목적은 대답하되 털어놓고 싶지 않은 정보는 깎아내는 것이다. 이런 수식어구가 들린다면 곧장 깎여나간 정보가 무엇인지에 초점을 맞춰 질문해야 한다.

예를 들어 한 부부가 외출하기 위해 옷을 입고 있다고 하자. 남편이 셔츠 하나를 꺼내 들면서 이 옷이 오늘 자리에 안 맞을 것 같으냐고 묻자 아내가 "꼭 그런 건 아니에요"라고 대답한다. 이때 남편이 오늘 저녁 자리가 전혀 즐겁지 않을 것이라는 점은 제쳐두고 "'꼭 그런 건 아니에요'가 무슨 의미야?"라고 되받아친다면, 아내는 남편이 그런 태도를 보이지 않았다면 얘기했을 진실을 최소화하려 할 것이다. 남편이 정말로 아내의 생각을 듣고 싶다면, 아마 "이 셔츠가 그렇게 마음에 안 드는 점을 한 가지 꼽아야 한다면 어떤 걸 들겠어?" 같은 말로 맞받아치는 편이 훨씬 더 나을 것이다.

<u>일관되지 않은 진술</u> 어떤 사람의 답변이 이전에 한 얘기와 일관되

지 않으면 "잠시만요! 전에는 그렇게 말하지 않았잖아요!"와 같은 말로 반박하고 싶을 것이다. 하지만 그랬을 때 상대방이 얼마나 협조적으로 나올 것 같은가? 어쩌면 그는 이전에 한 얘기보다 더 진실에 가까운 정보를 준 것일 수도 있다. 그런데 전에는 그런 얘길 하지 않았다는 사실을 자꾸 들먹인다면 역효과가 나기 쉽다.

어떤 사람이 처음에는 500달러를 훔쳤다고 하더니 나중에는 1,000달러였다고 말하더라도 "이전에 얘기한 것과 다르잖아요"와 같은 말로 반응하는 것은 바람직하지 않다. 그보다는 "당신이 가져간 돈이 1,000달러보다 더 많을 가능성도 있습니까?" 같은 또 다른 가능성에 대한 질문을 던짐으로써 갈등을 해결하고 새로운 정보의 존재 여부를 판단하는 것이 더 좋은 방법이다. 또한 "다시 한번 확인하고 넘어갈게요. 제가 이해한 게 맞다면 지금 얘기하는 게 1,000달러지요?"와 같이 질문 앞에 정당성 진술을 넣는 것도 도움이 될 수 있다.

새로운 진술을 이전 진술과 비교하고 대조해야 한다면 그렇게 하되 그 문제로 상대방을 다그쳐선 안 된다. 당신의 목적은 상대방의 협조를 얻어내는 것이다. "좋습니다. 그렇다면 그게 예전에 한 말과 어떻게 맞죠? 거기서 여기로 어떻게 왔는지 이해되게 말씀해주십시오"와 같이 이야기한다. 한 가지 명심할 점은 반드시 곱자 모드에서 모든 과정을 한 단계, 한 단계 밟아나가야 한다는 것이다.

| 4장 |

거짓과
진실
사이에서

돌다리도 두드려보고 건너라

"가지고 있던 모든 생각을 버려야만
진실은 스스로 모습을 드러낸다."

— 일본 속담

:: 표정 분석만으로 거짓을 가려낼 수 없다

폭스 방송국에서 2009년 1월부터 2011년 1월까지 방영된 TV 드라마 〈라이 투 미 Lie to Me〉는 전 세계의 시청자들에게 거짓말 탐지의 세계를 보여주었다. 영국 배우 팀 로스 Tim Roth가 훌륭하게 연기한 주인공 칼 라이트먼 Cal Lightman 박사는 미세표정을 발견하고 해석하는 전문가다. 미세표정이란 다양한 감정에 따라 얼굴에 비자발적으로 일어나는 움직임을 말한다. 라이트먼 박사는 악당들에게서 이런 표정을 발견하고, 눈부신 능력을 발휘하여 악당이 거짓말을 하고 있다고 밝혀낸다.

물론 이는 할리우드에서나 일어나는 일이며, 실제 미세표정 분야의 훌륭한 연구들은 드라마에서 제대로 다루지 않고 있다. 몇 분의 1초 사이에 일어나는 이러한 얼굴의 움직임은 두려움, 화, 경멸, 분노, 죄책감, 수치심, 역겨움 등 다양한 감정을 드러낼 수 있고, 상대가 지금 상황에서 어떤 생각을 하는지까지 보여줄 수 있어 상당한 가치가 있다. 만약 누군가 겉으로는 침착하고 평정심을 유지하더라도 우리는 미세표정을 통해 그 안에 숨은 불안을 감지할 수 있다. 이는 아주 유용하게 사용할 수 있는 정보다.

하지만 거짓말의 세계에서 미세표정에는 두 가지 커다란 한계가 있다. 첫 번째는 거짓을 나타내는 미세표정은 없다는 것이다. 예를 들면 미세표정은 어떤 자극을 받았는가에 따라 불안, 즉 거짓 징후와 연관되어 있을 수는 있다. 하지만 따로 떼어놓고 보면 그 신빙성은 꽤 낮다. 그러니 미세표정의 의미에 관한 판단은 대개 추측일 뿐이다.

두 번째 한계는 실제 적용이 어렵다는 것이다. 고도의 훈련을 통해 몇 분의 1초 사이에 나타나는 얼굴 움직임을 알아챌 수 있을 만큼 예리한 눈을 갖추지 않는 이상, 실시간으로 벌어지는 일반적 상황에서는 유용한 도구가 될 수 없다. 그러니 라이트먼 박사처럼 상대의 얼굴을 주시하다가 거짓을 밝혀내는 것은 방송으로 보기에는 흥미롭지만 실제로 활용하기에는 한계가 있다.

우리는 미세표정을 넓게 봤을 때 믿어도 좋은 거짓 징후에 포함시킨다. 하지만 경험을 통해 실제 상황에서는 그것이 그리 믿을 만하지 않다는 사실도 알고 있다. 이 외에도 다음에 소개하는 행동들은 각별한 주의가 필요하다. 우리는 이를 '경고를 주는 행동'으로 분류한다.

:: 심증은 가지만 확증이 될 수 없는 행동들

시선 피하기

거짓 징후로 믿어도 좋을 행동 다섯 가지를 열 명에게 물었을 때, 모두가 눈을 제대로 맞추지 못하는 경우를 들더라도 놀라운 일은 아니다. 눈 맞추기와 거짓이 왜 관련 있다고 생각하는지에 대해서는 잘 설명하지 못하겠지만 말이다. 이는 이유가 무엇이건 일반적으로 그럴 듯하게 여겨지는 생각 중 하나다.

우리는 이런 생각을 버리라고 조언하고 싶다. 물론 눈길을 피하는 일은 상대가 속한 문화에 따라 예의에 어긋나는 일일 수 있다. 하지만 생각해볼 게 있다. 그것만으로 거짓을 유추하는 일은 비약일 수 있다는 것이다.

누군가와 대화를 나눈다고 해보자. 그런데 갑자기 중요한 순간에 그녀가 눈을 돌렸다. 옆을 볼 수도 있고 아래를 볼 수도 있다. 이를 어떻게 해석해야 할까? 마음이 불편해진 걸까? 불안감이 커졌기 때문일까? 대답하기에 자신 없는 얘기가 나온 걸까? 사회적인 예절을 잘 모르거나 자리가 불편한 걸까? 거짓말을 하려던 참이라 당신을 똑바로 바라볼 수 없는 걸까?

이 가운데 무엇이든 이유가 될 수 있다. 눈 맞추기는 아주 개인적인 행동이기 때문이다. 눈 맞추기는 보편적으로 적용할 수 있는 행동이 아니다. 게다가 눈 맞추기는 문화에 따라 의미가 달라진다. 국가가 다를 때는 물론이고, 국가 내에서도 지역에 따라 다르기까지 하다.

이를 다 떠나, 실제로 우리가 다른 이와 서로 눈을 마주 보는 시간이 얼마나 될까? 두 사람이 오래도록 눈을 마주 본다는 게 어떤 의미인지 생각해보라. 가장 일반적인 두 경우는 아주 친근한 시간을 보내고 있거나, 아니면 치열한 신경전을 벌이고 있는 경우일 것이다. 정반대의 상황이다. 이는 똑같은 행동이라도 완전히 상반된 의미를 나타낼 수 있다는 사실을 말해준다. 그러니 눈 맞추기의 진짜 의미를 알아내기 위해서는 엄청난 주의 집중이 필요하다.

닫힌 자세

닫힌 자세가 거짓을 나타내는 행동이라는 생각에는 수긍할 만한 점이 있다. 논리적인 연관이 있기 때문이다. 상대가 조사에 협조하고 싶지 않다는 것은 관계를 차단하고 싶다는 뜻이기도 하다. 그리고 몸을 닫는 듯한 자세는 이 차단의 신호로 볼 수 있다.

하지만 단 한 가지 논리적 근거만으로 판단을 내리기엔 문제가 있다. 앞에서 전체적 행동 분석에 대해 나눈 얘기를 기억하는가? 상대의 모든 행동의 이유를 일일이 추측해야만 하는 입장에 빠지게 되는 예로 닫힌 자세를 들었다. 상대는 그저 추웠거나, 그 자세가 편했던 것은 아닐까? 이를 정확히 알지 못한다면 그 추론도 믿을 수 없는 것이다. 그렇다면 그 전제를 토대로 판단을 내릴 수도 없다. 정확한 원인을 모른 채 행동에 의미를 부여해선 안 된다.

일반적인 긴장

사법기관들은 오랜 세월 동안 극도의 불안감을 거짓과 관련지어 생각해왔다. 확실히 거짓과 불안 사이에는 연관 관계가 있다. 하지만 전체적으로 살펴본다면 불안감에서도 닫힌 자세와 유사한 점을 찾을 수 있다. 우리가 생각한 긴장의 원인은 추측에 불과한 것이다.

그녀가 긴장한 원인이 거짓말을 하고 있거나 죄를 저질렀기 때문일까? 아니면 처음으로 경찰관에게 조사를 받기 때문에, 혹은 자신이 의심하는 다른 범인이 있다든지, 다른 이유가 있어서는 아닐까? 긴장을 유발하는 의학적인 원인이 있는 건 아닐까? 긴장을 잘하는 체질은 아닐까? 이를 누가 알 수 있을까?

성급한 대답

질문을 채 끝내기도 전에 먼저 반응하는 경우는 종종 거짓을 나타내는 행동으로 여겨진다. 하지만 우리는 그렇게 생각하지 않는다. 우리의 경험으로는 이는 진실한 경우나 거짓을 말하는 경우 모두 나타날 수 있다. 이유는 상당히 다르지만 말이다.

진실한 경우, 자신이 하지 않았다는 사실을 밝히고 싶어 안달이 나 있기 때문이다. 자신의 반응을 상대가 어떻게 생각할지에 대해서는 생각조차 할 수 없다. 자신이 진실하다면 그는 최대한 빨리 이를 당신에게 알리고 싶을 것이다.

반대로 거짓말을 하는 사람이라면, 사실이 자신에게 유리하지 않으니 사건을 다루는 자리가 상당히 불편할 것이다. 그는 거짓말을 하기로 마음먹고 최대한 빨리 거짓말을 꺼낸 뒤 일이 끝나기를 바란다.

얼굴을 붉히거나 씰룩임

얼굴을 붉히거나 씰룩이는 것과 같은 비자발적인 움직임은 불안감 때문에 나타날 수도 있다. 하지만 다른 원인 때문에도 충분히 일어날 수 있다. 신경학적인 원인일 수도 있고, 기온 때문이거나 의학적인 원인 때문일 수도 있다. 게다가 홍조는 거짓과 관련이 없는 감정을 드러낸 것일지도 모른다. 질문이나 주제 때문에 말이다. 그러니 홍조와 씰룩임은 우리가 알려준 모델만큼 확실한 방법은 아니다.

꼭 맞잡은 손

사법기관에서는 이 행동을 '하얀 주먹^{white knuckles}'이라 부르면서 대개 거짓 징후로 판단한다. 상대가 너무나 겁을 먹고 긴장한 나머지 자신도 인지하지 못한 채 손을 꼭 맞잡는 바람에 주먹에 피가 통하지 않아 하얗게 변했다는 것이다.

하지만 이 또한 전체적 행동 분석의 하나다. 자극에 대해 직접적이고 즉각적으로 나타난 반응이 아닌 이상, 그 의미는 추측할 수밖에 없다. 물론 상대가 겁을 먹었다는 뜻일 수도 있다. 하지만 겁먹은 이유를 알 방법은 없다. 권력 있어 보이는 사람들에게 겁을 먹은 것은 아닐까? 아무도 자신의 말을 믿지 않을까 봐 겁을 먹진 않았을까? 거짓말을 하고 있기 때문일까? 이 또한 주사위 굴리기나 마찬가지다.

통념을 넘어선 반응

기준 설정은 우리가 이미 답을 알고 있는 통제 질문을 통해 상대가 진실하게 반응할 때의 표정과 말투를 잡아낼 수 있다는 생각에 근거한다. 어떤 질문을 했을 때 통상적인 기준에서 벗어난 행동을 보이면 그 대답은 거짓일 가능성이 크다는 것이다. 비교하길 좋아하는 우리 인간들에게 이는 타당한 접근법처럼 보인다. 이는 우리가 비유를 좋아하는 이유의 연장선상에 있기도 하다. 복잡한 일을 이해할 수 있게 도와주고, 삶을 좀 더 쉽게 만들어주는 것이다. 하지만 상대가 통념을 넘어선 반응을 보인다고 해서 곧바로 거짓으로 판단하기에는 몇 가지 문제가 있다.

첫째, 상대가 평소와 다르게 행동한다고 이를 거짓 징후라고 보는 것은 논리적으로 오류가 있다. 인간은 워낙 복잡한 존재여서 그 자체로 믿을 만한 추론이 못 되는 데다, 인간이 드러낼 수 있는 감정과 행동의 영역 또한 너무나 광대하므로 그런 식의 비교에 큰 의미가 있다고 보기는 어렵다.

둘째로, 사람들은 너무나 똑똑하기 때문에 기준 설정을 가지고 놀 가능성이 충분하다. 학교에 불을 지른 방화범이 있다고 하자. 그는 어려운 질문을 받을 것을 예상했고, 자신이 치르게 될 고통스러운 대가를 피하고자 여러 답을 떠올려 놓았다. 그래서 그는 "출생지가 어디죠?" 같은 통제 질문을 받고서, 질문을 반복하거나 답과는 관련 없는 다른 대답을 하는 수를 쓸 수도 있다. 앞으로 어려운 질문을 받으면 시간을 벌어야 한다는 사실을 잘 알고 있기 때문이다.

그뿐 아니라 좀 더 교묘하게 "학교에 불을 질렀나요?"라는 질문에 한 치의 망설임 없이 자신의 결백을 증명하려 들지도 모른다. 당신이 그에게 직업을 묻는다면, 자신이 무슨 일을 하고 그 일이 얼마나 중요한지 길고 상세하게 설명을 풀어놓을 수도 있다. 그가 하는 모든 말이 사실일지도 모르지만, 그의 진짜 목적은 자신은 협조적이고 얼마든지 당신을 도울 것이며 지금 상황을 전혀 걱정하지 않는다고 믿게끔 하려는 것이다. 그런 후에 "당신이 했습니까?"라는 질문을 받으면 당신을 설득시키는 대답을 늘어놓을 것이다. "나도 학교를 위해 세금을 냅니다"라거나 "나도 학부형인 친구들이 있습니다" 혹은 "나는 존경받는 사회 구성원입니다"라고 말이다. 당신은 상대가 원래 그런 식으로 말하는 사람이라고 결론을 내릴 것이다. 그러면 당신은 그에게 당한 것이다.

당신을 곤경에 빠뜨릴 수 있는 기준 설정의 또 다른 차원이 있다. 인구통계학적으로 사람들이 어떤 상황에서 어떻게 행동하는지에 대해 기본적인 지식을 갖고 있는 경우다. 이때 상대가 인구통계학적 규칙에 따른 기준과 크게 동떨어진 행동을 한다면 거짓말을 하고 있다는 경고로 받아들일 수 있다. 하지만 이는 매우 위험한 생각이다. 거짓말은 단체 경기가 아니라 아주 개인적인 일이기 때문이다. 그러니 진실한 사람이나 진실하지 않은 사람이나 모두 규칙에 들어맞지 않는 행동을 할 수 있다. 다음 사례를 살펴보자.

지역 봉사 활동을 장려하려는 목적으로 국가가 운영하는 경찰 체험 프로그램에 등록한 열일곱 살 여자아이가 있었다. 그녀는 지역 경찰서의 차량 담당자인 여자에게 경찰서의 한 경관과 성관계를 가졌다고 말했다. 하지만 그 차량 담당자가 바로 그 경관과 데이트하는 사이인 줄은 꿈에도 몰랐다. 당연히 차량 담당자는 분개하며 즉시 경찰서장에게 이를 보고했다.

경찰서에서 평가도 좋았고 인정받고 있던 그는 이를 강하게 부인했고, 그러자 경찰서장부터 심지어는 여자아이의 아버지까지 이게 다 아이가 지어낸 이야기는 아닐까 의심했다. 그리고 그녀를 조사한 후 사람들은 그녀가 이야기를 지어냈다고 확신했다. 그녀가 조사 중에 전혀 흥분하거나 부끄러워하지 않았기 때문이다. 그런 상황을 겪은 십 대 여자아이라면 으레 느꼈을 수치나 격한 감정을 보이지 않았다는 이유로 조사관은 그녀가 거짓말을 한다고 판단했다.

마이클이 요청을 받아 여자아이와 경관을 인터뷰하고서야 사건은 해결될 수 있었다. 여자아이를 심문한 마이클은 그녀가 사실을 말한다고 믿었다. 그래서 경관을 조사하면서 그의 자백을 얻고자 했다. 단 한 번의 심문으로 경관은 사실은 여자아이와 성관계를 가졌다고 인정했다.

행동을 보지 말고
패턴을 관찰하라

"진실은 질문을 두려워하지 않는다."
— 무명씨

:: 어떤 정치인의 섹스팅 의혹

2011년 봄, 미국에서 가장 큰 화제가 된 내신 기사는 뉴욕 주 하원의원 앤서니 위너Anthony Weiner의 섹스팅 노골적인 나체사진을 찍어 보내는 것—옮긴이을 둘러싼 스캔들이었다. 트위터로 여대생에게 자신의 음란한 사진을 보냈다는 것을 확고하고 완강하게 거듭 부인하던 위너는 열흘 만에 사진을 보냈을 뿐 아니라 3년 동안 여섯 명의 여성과 섹스팅과 유사한 부적절한 관계를 맺었다는 사실을 눈물을 글썽이며 공개적으로 인정했다.

위너 사건은 우리가 앞서 이야기한 다양한 거짓 행동들의 전형적 사례로 볼 수 있기 때문에 여기서 살펴볼 필요가 있다. 이를 위해 열흘 동안 발생한 사건들을 시간 순서대로 간략하게 정리했다.

<u>5월 27일</u> 위너는 시애틀의 한 여대생에게 트위터를 통해 음란한 사진을 보냈다. 그는 여대생만 볼 수 있게 직접 메시지를 보내려고 했지만, 실수로 모든 팔로어가 볼 수 있는 공개 메시지로 사진을 보냈다는 사실을 깨달았다. 그는 사진을 삭제하고 자신의 트위터 계정이 해킹당했다고 주장했다.

<u>5월 28일</u> 빅거버먼트닷컴 BigGovernment.com 은 위너가 팬티만 입고 사타구니 부위를 찍은 음란한 사진을 보냈다고 전했다.

<u>5월 29일</u> 위너의 대변인은 위너의 트위터 계정에서 전송된 음란 사진은 해커의 짓이라며 이를 '방해공작'으로 일축했다.

<u>5월 31일</u> 위너는 자신의 미국 의회 사무실 밖에 모여든 기자들과 이야기를 나눴지만, 사진에 관한 질문에는 답변을 거부했다.

<u>6월 1일</u> 위너는 잇따른 텔레비전 인터뷰에서 음란 사진을 보냈다는 것을 일관되게 부인하면서도 사진의 주인공이 자신인지는 '확실하게 말할 수 없다'고 했다.

<u>6월 6일</u> 빅거버먼트닷컴은 또 다른 여성에게서 제보받은 위너의 반라 사진을 공개했다. 위너는 맨해튼에서 기자회견을 열어 자신이 여대생에게 그 사진을 보냈고, 자신과 아내를 보호하기 위해 계속해

서 거짓말을 했으며, 여섯 명의 여성과 부적절한 메시지를 교환해왔다고 털어놓았다.

이제 위에서 빠진 또 다른 날인 6월 2일을 살펴보자. 위너가 끝내 자백하기 나흘 전인 이날은 우리가 이 사건에 관한 분석 결과를 '진실한 평결 The True Verdict'이라는 사이트에 올린 날이다. 분석 결과는 다음과 같다.

그의 행동은 여대생에게 트위터로 음란 사진 한 장을 보낸 것보다 훨씬 더 큰 무언가가 있음을 시사한다. 그는 이 여성을 한동안 팔로잉했을 뿐 아니라 다른 젊은 여성들 또한 팔로잉했음을 예측할 수 있는 이런 유형의 행동 패턴을 감추려는 것 같다. 또한 그의 행동은 이 사진 외에도 여성들에게 전송한 이런 유형의 사진이 더 있음을 강력하게 암시한다.

우리는 어떻게 이런 결론에 도달하게 됐을까? 간단하다. 우리는 모델을 적용하여 위너가 5월 31일 사무실 밖에서 기자들과 나눈 대화를 분석했다. 위너와 가장 적극적으로 대화를 주고받은 인물은 CNN 정치부 수석기자 다나 배쉬 Dana Bash와 CNN 정치부 수석 프로듀서 테드 배렛 Ted Barrett이었다.

:: 실전, 거짓 행동 가려내기

자, 이제 실전 훈련을 해볼 차례다. 다양한 매스컴을 통해 보도된 그날 대화의 전문을 살펴보자. 위너는 이 한 번의 만남에서 60차례가 넘는 거짓 행동을 보였다. 대화 내용을 읽으면서 위너의 거짓 행동을 직접 찾아보라. 그리고 우리가 찾아낸 거짓 행동과 비교해보라.

배쉬 의원님, 단도직입적으로 대답해주시겠습니까? 해킹을 당하셨다면 범죄의 가능성이 있다는 얘긴데 왜 경찰이나 다른 사법당국에 수사를 의뢰하지 않으셨나요?

위너 이보시오. 이번 사건은 장난이었다고 제가 며칠째 말하고 있지 않습니까. 괜히 얘기했다가 다음 주 또는 그다음 주까지 어떤 얘기를 더 해야 할지 모릅니다. 그러니 오늘은 그 얘긴 더 하지 않겠습니다. 거기에 대해서는 어느 정도 충분한 답을 한 것 같은데요.

〉〉 거짓 행동
- 질문에 대답하지 못함
- 질문에 대답하기를 거부함
- 참조 진술: "거기에 대해서는 어느 정도 충분한 답을 한 것 같은데요."
- 배제 수식어구: "같은데요", "어느 정도"

배쉬 대단히 죄송하지만, 의원님이 인터뷰에 응해주신 것에 대해서는 감사드립니다만, 질문에는 대답하지 않으셨습니다. 의원님이 범죄라고 주장하시는 이번 사건을 수사기관에 의뢰하지 않은 이유만 간단히 말씀해주실 수 있습니까?

위너 생각해보세요. 4만 5,000명에게 연설을 하고 있는데 뒷자리에서 파이를 던지고 욕설을 하는 사람이 있다고 그 사람을 처리하는 데 두 시간을 보낼 것 같습니까? 아니요. 저는 다시 연설을…

>> 거짓 행동

- 질문에 대답하지 않음
- 부적절한/동떨어진 질문: "4만 5,000명에게 연설을 하고 있는데 뒷자리에서 파이를 던지고 욕설을 하는 사람이 있다고 그 사람을 처리하는 데 두 시간을 보낼 것 같습니까?"

배럿 (말을 가로막으며) 지금은 그런 상황이 아니지 않습니까?

위너 브리핑을 하고 싶은 건가요?

>> 거짓 행동

- 질문자를 공격함

배럿 의원님의 트위터 계정에서 음란한 사진이 여대생에게 전송됐다고 하셨는데요. 질문에 답변을 부탁합니다. 의원님이 보내신 건가요?

위너 기자님. 제발, 제가… 제 대답을 마저 들으실 건가요?

>> 거짓 행동

- 질문에 대답하지 않음

- 과도한 정중함: "기자님"
- 공격적인 행동: 위너의 질문은 기자가 무례하고 부적절하게 행동하고 있음을 암시한다.

배럿 네, 이 대답을 해주세요. 의원님이 보내셨나요?

위너 알겠습니다. 4만 5,000명에게 연설하고 있는데 뒤에서 누군가가 파이를 던지거나 큰소리로 욕을 한다고 해서 거기에 대응하느라 남은 두 시간을 허비하지는 않을 겁니다. 다시 연설로 돌아가 청중에게 들려주고 싶었던 이야기를 할 것이고 이것이 저의 이번 주 계획입니다.

》》거짓 행동

- 질문에 대답하지 않음
- 답변으로는 부족한 진술

  참고로, 여기에는 의도하지 않은 메시지도 존재한다. 위너는 '다시 연설로 돌아가 청중에게 늘려주고 싶었던 이야기'란 말을 통해 이 주제에 대해서는 말하고 싶지 않으며 관련 질문에도 대답하고 싶지 않음을 인정한다.

배럿 의원님은 "아니요"라고만 하시면 될 텐데요.

배쉬 그럼 이렇게 질문해보죠. 이 트윗을 받았다고 전해지는, 그러니까 사진을 직접 받았다는 이 여성 말인데요. 시애틀의 스물한 살 여대생이 어제〈뉴욕데일리뉴스〉에 의원님이 자신의 팔로어라고 진술했습니다. 사실입니까? 의원님이 이 여대생을 팔로잉했나요? 그렇다면 이 여대생을 어떻게 찾았습니까? 팔로잉한 이유는요?

위너 그러니까, 이 얘길 여러 방식으로 한 거 같은데요. 다시 말씀드리죠. 더 이상 이 문제 때문에 정신을 쏟는 일이 없도록 해야겠어요.

>> 거짓 행동

- 질문에 대답하지 않음
- 질문에 대답하길 거부함
- 참조 진술
- 답변으로는 부족한 진술

배렛 의원님께서는 이 질문에 "아니요"라고만 대답하시면 됩니다.

위너 편하게… 제가 대답하고 기자님이 질문하면 안 되나요?

>> 거짓 행동

- 질문자를 공격함

배렛 의원님께 드린 질문에 대답해주신다면 그렇게 하겠습니다.

신원 미상의 기자 의원님께서는 트위터에서 대단히 많은 여성을 팔로잉하고 계시는데요. 그렇게 많은 여성을 팔로잉하는 이유가 있습니까?

위너 그건 그렇고, 관련 뉴스에서 제가 그 유명한 해시태그 'Scrappy-ChasingCrazy'로, 오늘 미셸 바흐만의 팔로어 수를 넘었다고 보도됐습니다. 이 사실을 추가로 알려드리죠.

〉〉거짓 행동

- 질문에 답변하지 못함
- 답변으로는 부족한 진술
- 부적절한 무신경(웃음을 자아내는 대답)

배쉬 지금 이곳 상황을 이해하실 겁니다. 바로 불만이지요. 여기까지 나와 이야기해주신 데 대해서는 감사드립니다. 의원님께서는 웃으면서 협조하고 계시는데 그것도 좋은 공격입니다. 하지만 질문에는 대답하지 않으셨습니다.

위너 오늘까지 3일째입니다. 제 사무실에서 내놓은 성명을 봤잖습니까?

〉〉거짓 행동

- 질문에 대답하지 않음
- 답변으로는 부족한 진술
- 참조 진술

배쉬 하지만 거기에는 어떠한 답변도 없는데요.

위너 제 사무실에서 내놓은 성명이 있습니다. 그리고 어떤 사람들은 아마… 보세요. 이게 바로 작전입니다. 연설회장 뒤편에서 파이를 던지고 큰 소리로 욕설하는 자가 이 문제를 화제로 삼고 싶은 겁니다.

〉〉거짓 행동

- 질문에 대답하지 않음

- 참조 진술

- 설득력 있는 주장: 자신은 '방해공작'의 피해자다.

배쉬 하지만 해킹을 당했다고 말한 사람은 바로 의원님…

위너 기자님, 제가… 여기서는 서로 규칙을 좀 따르자고 부탁하고 싶네요. 그중 하나는 기자님이 질문하고 제가 대답하는 겁니다. 괜찮 겠지요?

>> 거짓 행동

- 과도한 정중함

배쉬 저야 대답을 듣고 싶지요.

위너 그럼 괜찮겠네요.

배럿 단도직입적으로 대답해주세요.

위너 그거 괜찮겠네요. 여러분은 질문하고, 전 대답하고, 이 바보^{배럿을 지칭함-옮긴이}는 제 말을 가로막고 있네요.

이걸 새로운 규칙으로 정하는 건 어때요? 제가 대답만 하게 해주세요. 장난을 치고 있는 사람의 목적은 제 주위를 흐트러뜨려서 제가 하려던 일을 못하게 막는 겁니다. 지난 며칠간은 그렇게 됐었죠. 하지만 결심했습니다. 오늘은 그렇게 놔두지 않을 겁니다. 내일도 마찬가지입니다.

여러분은 할 일을 하세요. 이해합니다. 머뭇거리지 말고 하던 일 계속하세요. 하지만 저는 함께하지 않을 겁니다. 더는 이 질문에 대답하지 않을 테니까요. 오늘은 부채 한도 표결에 대해 말하고 싶습니다. 오늘 밤에 있을 부채 한도 표결은 매우 중요한…

>> 거짓 행동

- 질문에 대답하지 않음
- 질문자를 공격함
- 답변으로는 부족한 진술
- 설득력 있는 진술: 자신은 단지 자기 일을 하려고 한다는 것을 이해시키려는 의도가 담겨 있다.

배럿 의원님, 왜 지금까지 경찰에 수사를 의뢰하지 않으셨죠? 왜 수사 의뢰를 하지 않은 겁니까? 경찰이 답을 찾지 않길 바라신 건 아닙니까?

위너 부채 한도 표결에 대한 제 생각을 말하겠습니다. 아시다시피 오늘 밤 6시 30분, 6시 45분에 우리 경제에 대단히 큰 영향을 미칠 결정을 표결에 부치려고 합니다. 부채 한도만큼이나 중요한 문제를 줄타기처럼 아슬아슬한 표결에 부치든 말든 어쨌거나 그렇습니다. 이번 표결에 관한 문제에 집중해서 이야기하겠습니다. 그 문제에 관해 제가 하고 있는 일에 관해서도 이야기하겠습니다.

솔직히 말해 이 이야기를 하고 싶은 이유는 유권자들이 원하기 때문입니다. 그리고 솔직히 이 나라도 그걸 원하고 있으리라 생각합니다. 그래서 제가 그 일을 하려는 것입니다. 여러분까지 그럴 필요는 없습니다. 여러분은 여러분이 원하는 것을 계속하시면 됩니다. 하지만 더 이상은 제 얘기가 이 문제에 묻히는 걸 보고만 있지 않을 겁니다.

>> 거짓 행동

- 질문에 대답하지 않음
- 질문에 대답하길 거부함
- 답변으로는 부족한 진술
- 인식 수식어구: '솔직히'라는 단어를 두 번 사용함
- 설득력 있는 진술: 자신은 다만 유권자와 나라를 위해 일하려는 것뿐이다.

배쉬 발표하신 성명에 의하면 해킹을 당했다고 하셨습니다. 그렇다면 당연히 궁금해지는 질문이 하나 있는데 꼭 대답해주셨으면 합니다. 의원님이 범죄 피해자라면 왜…

위너 제 성명을 읽어보셔야겠네요. 제 성명을 읽어보세요.

>> 거짓 행동

- 질문에 대답하지 않음
- 참조 진술

배쉬 그 성명으로는 답변이 안 됩니다. 답변이 됐다면 저희도 좋았겠지요. 성명에서는 이 질문에 대한 대답을 얻을 수 없습니다.

위너 제가 말씀드릴 수 있는 것은 지난 며칠간 성명을 발표해서 "이번이 마지막 질문입니다"라고 말하는 모든 사람에게 답변을 주었다는 것뿐입니다. 그리고 사실, 여러분이 이곳에 오면서 상당히 확실해

진 사실이 있습니다. 일부는 제가 더는 언급하고 싶지 않은 문제로 대화를 이끌어내는 데 성공했다는 것입니다. 하지만 여러분은 자유롭게 이 문제를 다루어도…

〉〉 거짓 행동

- 질문에 대답하지 않음
- 참조 진술
- 답변으로는 부족한 진술
- 배제 수식어구: "제가 말씀드릴 수 있는 것은"
  여기서도 의도하지 않은 메시지를 읽을 수 있는데, 위너가 말할 수 없는 정보를 가지고 있음을 암시한다.

배럿 (말을 가로막으며) 의원님, 부인하시는 겁니까? 솔직히 대답해주시죠.

위너 여러분은 여기 있어도 됩니다. 여기 있으면서 제게 다시 질문해도 됩니다. 그런데 아시다시피 바로 서너편에 있는 대법원의 클래런스 토머스Clarence Thomas 판사 가족은 건강보험법을 뒤집고 중단시키려는 사람들에게 80만 달러가 넘는 보수를 받았습니다. 그런데도 사퇴하지 않고 버티고 있습니다. 전 이 문제가 상당히 중요하다고 생각합니다. 그래서 이 중요한 일에 전력을 다할 것입니다. 앞으로 제가 이야기할 내용도 바로 여기에 관한 것입니다.

〉〉 거짓 행동

- 질문에 대답하지 않음

- 답변으로는 부족한 진술
- 설득력 있는 진술: 자신은 전력을 다해 정의를 위해 일하고 있다.

신원 미상의 기자 성명에서 변호사와의 관계를 계속 유지하겠다고 하셨는데요. 변호사에게 의원님을 대신해 어떤 일을 하라고 지시하실 건가요? 수사를 요청하실 건가요?

위너 성명에서 말씀드린 거 같은데요. 변호사가 적절한 다음 조치에 대해 조언을 해줄 거라고 말했습니다. 가서 성명 전체를 꼼꼼히 읽어 보시는 게 좋겠습니다.

≫ 거짓 행동

- 질문에 대답하지 않음
- 참조 진술

배럿 변호사가 누군가요?

위너 다른 질문 있습니까? 보세요. 제가 해야 할 일을 못 하게 방해하려는 사람들이 있습니다. 정말입니다. 이 문제를 논쟁으로 끌고 가려는 사람들도 나올 겁니다. 어떻게 보면 쟁점화하지 못해 안달이 난 사람들이죠. 이유가 뭐죠? 전 그러고 싶지 않습니다. 저라면 제가 관심을 두고 있는 일과 지금 하는 일을 위해 싸우겠습니다.

여러분, 제가 한마디 해도 될까요? 저는 이런 식으로 게임이 진행된다는 것을 압니다. 어떤 사람들은 몇 날 며칠 이 문제를 가지고 이야기하고 싶겠지요. 전 그렇게 하지 않을 겁니다. 그건 제 특권입니다.

죄송합니다. 죄송합니다.

⟫ 거짓 행동

- 질문에 대답하지 않음
- 공격적인 행동: "방해하려는 사람들이 있습니다"
- 답변으로는 부족한 진술
- 과도한 정중함: 사과하기

배쉬 그래도 하나만 더 여쭤봐도 될까요? 의원님 말씀처럼 이 사건이 말도 안 되는 일이고 누군가의 방해공작이라면…

위너 (말을 가로막으며) 전 그런 식으로 말하지 않았습니다… 전 그 일을 방해공작이라고 말했을 뿐입니다. 그 이야기가 사실인지 여부는 여러분의 결정에 맡기겠습니다.

배쉬 이 일을 방해공작이라고 생각하신다면 의원님은 참 복잡하신 분입니다. 그냥 질문에 대답만 하시면 이 모든 게 끝나지 않을까요?

위너 진 지난 며칠 동안 질문에 대답했습니다. 이제 저는… 분명 제 성명을 읽지 않은 사람들이 있는 겁니다. 여러분은 모두 읽으셨겠죠. 보세요. 제가 말할 수 있는 건 이것뿐입니다. 지금 이 상황은, 누군가는 제가 방해공작이라 생각하는 문제를 가지고 셋째 날도, 넷째 날도 계속 이야기하기로 결심하고 저는 이 문제를 어떻게 다룰 것인지 결심하는 상황에 가깝습니다. 그리고 제가 내린 결정은 이 문제로 더 이상 방해받지 않겠다는 겁니다. 셋째 날도, 넷째 날도, 다섯째 날도, 여섯째 날도 그렇게 놔두지 않을 겁니다. 제 답변이 만족스럽지 못했다면 사과드립니다. 하지만 저는 사람들이 정말 이야기하고 싶은 것은 오늘밤에 있을 부채 한도 표결 같은 것이라고 생각합니다. 아주 부유한 국민과 그만큼 부유하지 못한 국민 간의 숨 막힐 듯한 격차 같은 것 말입니다. 아니면 이 나라에서 중산층으로 사는 것이 더욱 힘들어지고 있다는 사실 같은 것 말입니다. 그게 바로 제가 여기서 하는 일입니다. 여러분, 감사합니다.

〉〉 거짓 행동

- 질문에 대답하지 않음
- 질문에 대답하기를 거부함
- 참조 진술
- 답변으로는 부족한 진술
- 과도한 정중함: 사과하기
- 배제 수식어구: "제가 말할 수 있는 건"
  이 발언 역시 말할 수 없는 내용이 더 존재함을 암시하는 의도하지 않은 메시지다.
- 공격적인 행동: "분명 제 성명을 읽지 않은 사람들이 있는 겁니다", "지금 이 상황은, 누군가는 제가 방해공작이라 생각하는 문제를 가지고 셋째 날도, 넷째 날도 계속 이야기하기로 결심하고 저는 이 문제를 어떻게 다룰 것인지 결심하는 상황에 가깝습니다"
- 설득력 있는 주장: 자신은 빈부격차 같은 중요한 사회 문제와 싸우고 있다.

:: 행동 패턴을 읽으면 진실이 보인다

얼마나 찾았는가? 거짓말을 하는 사람에게서는 우리가 앞서 살펴본 행동들이 너무나 쉽게 눈에 띈다는 점이 놀랍지 않은가? CNN에서 이 인터뷰를 본 사람들 대부분은 확실히 위너가 솔직하게 대답하고 있지 않으며 기자의 질문을 계속해서 피하는 이유가 분명히 있음을 깨달았을 것이다. 위너를 믿기 어렵다는 것은 분명했다.

그런데 그는 정확히 무엇을 숨기고 있었을까? 그저 지나가는 해프닝이며, 사실은 그 정도의 관심을 기울일 필요도 없었던 한심한 일탈이었을까? 또는 너무나 중요한 현안이 산적해 있는 상황에서 의원의 업무를 방해하려는 공작이었을까? 아니면 잠재적으로 미래에 더욱 고통스러운 방해공작으로 이어질 수 있는 아주 심각한 문제였을까? 당시 문제의 심각성을 파악하는 방법은 있었는가?

확실히 있었다. 우리는 위너가 보여준 특정 행동, 그 빈도와 패턴을 분석하여 다음과 같은 결론을 내릴 수 있었다. 우리가 6월 2일 게시한 분석 전문은 다음과 같다.

> 위너는 뻔히 보이는 거짓 행동들을 했다. 이는 그가 이 문제에 진실하지 않다는 것을 말해줄 뿐 아니라, 그가 하는 이야기에 이런 유형의 행동과 관련된 훨씬 더 많은 것들이 존재할 수 있음을 강하게 시사한다.
>
> 위너가 보여준 강도 높은 공격적 행동들은 그가 이 문제에 대해 굉장

히 걱정하고 있음을 알게 한다. 특히 직접적인 질문에 대답하는 대신, 이처럼 공격적 행동을 보이는 경우는 더욱 그렇다. 이러한 공격적 행동이 질문에 대답하지 않는 태도와 결합하여 위너가 매우 곤경에 처해 있음을 말해준다.

그의 행동은 분명 이 문제에 관해 공개적으로 말하고 싶은 사실이나 정보가 없음을 암시한다. 이러한 행동은 또한 그가 이 문제와 관련한 자신의 행동에 대해 어떠한 정보라도 입 밖에 낼 바에야 차라리 거짓말로 일관하겠다는 의지를 보여주기도 한다. 정치가들이 자신의 명성에 높은 가치를 둔다는 점을 고려하면 그들이 대단히 중요한 사안에만 자신의 명성을 건다고 봐도 무방하다. 그렇다면 위너가 자신의 명성을 걸면서까지 숨길 정도로 중요한 것은 무엇이었을까?

위너는 질문에 대답하면서, "제가 말씀드릴 수 있는 것은…"과 같은 구문을 통해 의도하지 않은 메시지를 몇 가지 전달했다. 그리고 이를 통해 그가 어떤 행동을 숨기고 있으며 그에 대해서 이야기하길 원치 않음을 알 수 있다. 그의 행동은 한 여대생에게 트위터로 음란한 사진 한 장을 전송한 것 이상의 무언가가 존재할 가능성을 제시한다.

위너는 이러한 행동 패턴을 숨기려는 것 같았는데, 그의 행동 패턴은 그가 한동안 이 젊은 여성뿐만 아니라 다른 여성들도 팔로잉했을 수 있음을 보여준다. 그리고 위너가 전송한 것은 이런 사진뿐이 아니라는 것을 강하게 암시하기도 한다. 따라서 '타이거 우즈 현상'이 발생해, 또 다른 여성들이 난데없이 나타나 비슷한 이야기를 해도 놀랄 일이 아니다.

:: 해야 할 것과 하지 말아야 할 것

마지막으로 거짓말 탐지 모델을 사용할 때 해야 할 것과 하지 말아야 할 것을 몇 가지 당부하고 싶다.

해야 할 것

첫째, 아주 많이 연습하라. 토크쇼, 인터뷰 쇼, 뉴스 등 사람들을 불러놓고 질문에 대답하게 하는 형식이라면 무엇이든 자주 보길 권한다. 골프에 비유하자면, 이제 골프채를 잡고 휘두르는 법을 가르쳐 주었으니 게임을 얼마나 잘하느냐는 전적으로 얼마나 연습하느냐에 달려 있다.

둘째, 새로 습득한 이 기술을 좋은 일에만 사용하라.

하지 말아야 할 것

첫째, 가까운 사람을 대상으로 연습하는 것을 삼가라.

둘째, 상대방은 자신의 생각이 읽히고 있음을 아는 순간 방어기제를 작동할 것이므로 그런 말이나 행동은 하지 말라. 예를 들어 상대방을 앞에 두고 특정 거짓 행동이 관찰됐다고 말하지 말라. 상대방에게 고정점이 움직였다는 점을 지적할 경우 그때부터 상대방은 몸을 움직이지 않으려고 최선을 다할 테고, 그러면 당신은 매우 유용할지도 모르는 도구 하나를 잃게 된다.

셋째, 클러스터 규칙에서 이탈하거나 우리가 설명한 행동들에서 시선을 떼지 않도록 하라. 지나치게 공격적인 태도는 도움이 되지 않는다. 눈썹이 흔들리는 것만 보고도 "대니얼, 저거 기록해"라고 말하는 식이 되어서는 안 된다.

넷째, 정말로 대답을 원하는 게 확실하지 않은 한 질문하지 말라.

에필로그

자, 그렇다면
이제 어떡하라는 건가?

"나는 절대 속임수를 권하지 않는다. 그리고 거짓말은 특히 기억력이 나쁘다면
최악의 적이 될 수 있다. 사실 상황이 어떻든 간에 진실이야말로 가장 진실한 친구다."
— 에이브러햄 링컨 Abraham Lincoln

아내의 외도가 의심스러울 때

우리는 전 세계 수많은 민간 및 공공 조직을 대상으로 수천 시간의 훈련을 하면서 이 책에서 다룬 내용을 가르쳤다. 물론 이 훈련을 가장 많이 이용하는 조직 중 하나는 언제나 CIA였다. 얼마 전에도 CIA에서 3일짜리 교육 과정이 있었다. 둘째 날에는 늘 그렇듯이 첫째 날 교육 내용 중 궁금한 점이 있는지 묻는 것으로 교육을 시작했다. 그러자 한 CIA 관리―'테드'라 부르겠다―가 손을 들더니 "이런 게 정말 효과가 있나요?" 하고 물었다. 테드가 유난히 의심이 많은 사람이라서가 아니라 정말로 교육의 효과에 대해 신경이 쓰이는 것 같았다.

"저희는 늘 놀라운 효과에 감탄하고 있답니다. 왜 그러시죠? 혹시 어제 교육에서 확실히 이해되지 않은 것이 있나요?"

"아니요. 그런 건 아닙니다."

그는 그러면서 다음과 같은 이야기를 덧붙였다.

간밤에 가족과 저녁 식사를 한 뒤 아이들은 위층으로 올라가 숙제를 하고 그는 부인과 테이블에 남아 커피를 마시고 있었다. 그때 전화벨이 울렸다. 부부는 상대방이 일어나 전화를 받았으면 하는 마음에 서로 바라보았다.

"당신이 받을래요?"

부인이 말했다.

"당신이 받지 그래? 당신 남자 친구일지도 모르는데."

테드가 농담 삼아 말했다. 그 순간 부부는 아이가 전화를 받았다는 것을 알아차렸다. 분명 아이들 중 하나를 찾는 전화였다. 그 시간에는 그런 전화가 잘 걸려왔다. 테드가 웃으며 말했다.

"당신 남자 친구는 아닌가보군."

그리고 나서 테드가 교육생들에게 들려준 이야기는 폭탄선언과도 같았다. 이 말을 하는 순간 전날 배운 바로 그 거짓 행동 클러스터가 부인에게 나타났다는 것이었다. 그가 첫째 날 듣고 무척이나 만족해 했던 교육 내용이 자신의 상황과 그대로 맞아 떨어진 것이다. 그는 마치 얼굴을 정면으로 얻어맞은 듯한 충격을 받았다.

그는 밤새도록 잠을 못 자고 뒤척이면서 어떻게 해야 할지 고민했다고 했다. 돌아누워 아내를 보면서 아내는 절대 바람을 피울 리 없다고 생각했을 것이다. 그러고는 다시 돌아누워 남편과 아내의 외도를 경험한 친구들을 생각했을 것이다. 그는 어떻게 해야 할까? 그저 외면해야 할까?

필은 강의실 사람들에게 질문을 던졌다. 교육을 받은 지 얼마 되지 않아 예민해졌을 뿐이라며 신경 쓰지 말라고 조언해주어야 하는가? 아니면 지금부터 실력 좋은 이혼 전문 변호사를 알아보라고 해야 하는가? 당시 필이 해줄 수 있는 조언은 하나밖에 없었다.

"이렇게 생각해 보세요. 아직 해야 할 일이 더 있다고요."

교육을 받은 그 누구에게도 이보다 더 중요한 가르침은 없었을 것이다. 거짓 행동을 구별한다고 해서 인간 거짓말 탐지기가 되는 것은 아니며, 갑작스레 판사와 배심원이라는 두 가지 임무가 주어지는 것도 아니다. 물론 이제 거짓말과 관련된 일상적인 상황들을 좀 더 쉽게 해결할 수 있는 매우 유용하고 효과적인 도구를 갖게 되었다는 것만은 분명하다. 하지만 거짓말 탐지를 통해 얻는 것은 추가 조사가 필요한 정보라는 점을 반드시 이해하고 사용해야 한다.

마찬가지로 중요한 가르침은, 우리 모두는 이렇게 얻은 정보로 거짓말을 더 잘 '탐지'할 수 있지만 우리 중 어느 누구도 거짓말을 더 잘 '실행'할 수는 없다는 것이다. 우리는 오랜 기간 이 일을 해왔지만 우리 역시 그 누구 못지않게 모델에 취약하다는 것을 확실하게 말할 수 있다. 분명, 적신호를 피하기 위해 우리가 할 수 있으리라 생각되는 것들이 있다.

수잔이라면 자신의 사전에서 "신에게 맹세하건대"라는 표현에 빨간 줄을 그었다고 말할 것이다. 종교를 들먹이는 것은 거짓말을 하고 있다는 확실한 징후이기 때문이다. 또한 다른 사람의 거짓말을 가려내는 일을 할 때만큼 자신도 평소에 설득력 있는 진술을 자주 한다고 얘기할 것이다. 그녀는 지나치게 구체적일 수도 있다. 이 모델을 얼마나 잘 알고 있는지와는 상관없이 진실한 정보를 전달하는 게 불편할 때 우리가 하는 행동들이다.

우리가 모두 모델에 취약한 이유는 너무나 많은 상충하는 정보들을 처리해야 하고 너무나 많은 다양한 행동 요소들을 고려해야 해서 뇌가 사실상 그 모두를 처리할 수 없기 때문이다. 그것이 왜 그렇게 어려운지를 잘 보여주는 예가 있다. 어렸을 때 파티에서 친구들과 해봤을 오래된 게임이다.

자리에 앉아 오른쪽 다리를 뻗고 뒤꿈치를 바닥에 붙인 상태로 시계 방향으로 발을 회전시킨다. 이제 오른손으로 허공에 6을 그려보아라. 그 순간 발이 어떻게 됐는가? 대부분 자기도 모르는 사이 발이 반대 방향으로 돌기 시작할 것이다.

이처럼 뇌는 그저 할 일을 하고 우리는 결국 따라가게 되는 그런 상황들이 있다. 거짓 행동을 조종하려 할 때도 이와 똑같은 일이 벌어진다. 뇌는 거의 매번 방해가 될 것이다.

그러니 악한 사람들이 이 책을 읽고 거짓말을 더 능숙하게 하는 방법을 배울 수도 있지 않을까 하는 걱정은 접어둬도 좋다. 거짓을 탐지하는 우리의 방법론은 인간이 자극에 반응하는 방식을 중심으로 설계되어 있다. 반응을 통해 나타나는 특정 행동을 최소화하거나 없앨

수는 있지만 그럼에도 불구하고 다른 행동들은 드러나게 마련이다. 이를 통해 우리는 거짓말을 밝혀낼 수 있다.

일상에서 상대의 행동을 읽는다는 것

우리는 이 분야의 일을 하는 것이 가정생활에도 영향을 주느냐는 질문을 종종 받는다. 필은 지금까지 오랜 세월 이 분야에서 일했지만 둘 사이에는 어떤 연관도 없음을 확신한다고 말할 것이다. 회사에서 하는 일과 집에서 가족과 함께하는 일은 별개로 교차점이 없다는 것이다. 이 추정은 결국 현실에서 검증을 받게 된다.

필의 아들 필립이 고등학교 2학년일 때, 필과 아내 데비는 필립에게 처음으로 꾸준히 만나는 여자 친구가 생겼다는 사실을 알게 됐다. 그 시기의 많은 십 대들이 그렇듯이 필립은 부모님에게 이 새로운 사건에 대해 어떤 말도 하지 않았다. 당연히 필과 데비는 필립 인생에서 중요한 이 사건에 호기심이 생겼다. 하지만 그들이 아는 정보라곤 '애슐리'라는 이름과 '치어리더'라는 단어뿐이었다.

필은 가끔 필립과 친구들이 축구 연습을 마치면 밴으로 집까지 데려다 주곤 했다. 그러던 중 하루는 필립의 가장 친한 친구 라몬이 앞자리에 앉아서 뒷자리에 앉은 녀석들과 이야기를 나누고 있었다. 필은 라몬이 '애슐리'라는 이름을 언급하는 것을 엿듣게 되었다.

대화가 잠잠해지고 몇 분이 지나자 필은 라몬을 살펴봤다. 그리고 정말 아무렇지도 않은 듯이, 알고 싶어 안달난 사람처럼 보이지 않도록 조심하면서 순수하게 질문을 던졌다.

"애슐리가… 치어리더니?"

라몬이 대답하기도 전에 필립이 뒷자리에서 소리쳤다.

"라몬, 대답하지 마! 별 뜻 없는 질문인 척하는 거야!"

아들에게 딱 걸린 것이다.

수잔 역시 아이들이 이러한 상황을 아주 잘 알아차린다는 사실을 배웠다. 수잔에게는 십 대 딸 로렌이 있다. 어느 날 로렌의 남자 친구 바비가 우연히 가족들에게 "여동생 캐롤라인이 애완견의 수염을 잘랐어요"라고 말했다. 가족들은 수염을 자른 것이 얼마나 잘못된 행동인지에 대해 이야기했다. 동물이 좁은 공간을 통과할 수 있는지 등을 판단할 때 수염을 감각기관으로 사용하기 때문이다.

그로부터 일주일 후, 로렌은 카니세로 가족의 애완견인 세이디와 놀고 있었다. 로렌은 세이디의 수염이 잘리고 눈썹 털 일부가 사라진 것을 발견하고 수잔에게 이 사실을 말했다. 수잔은 즉시 아직 사춘기에 들어서지 않은 아들 닉을 의심했다. 캐롤라인과 같은 반인 닉은 자기도 애완견 수염을 잘라봤다고 자랑하고 싶었을 것이다.

그 주 일요일, 교회 가는 차 안에서 로렌에게 운전을 맡긴 수잔은 닉에게 혐의를 따지기로 마음먹었다.

"닉, 세이디 수염이랑 눈썹을 왜 잘랐니?"

닉의 반응은 정말 재미있었다.

"엄마, 신에게 맹세코 전 세이디 수염에 손도 안 댔어요! 엄마가 개는 수염이 필요하다고 했잖아요. 그런데 어떻게 그런 일을 하겠어요! 거짓말 탐지기로 조사해보든지요! 성경에 대고 맹세하건대 전 세이디의 수염을 자르지 않았어요!"

순간의 주저함도 없이 로렌이 끼어들었다.

"종교를 들먹이고… 너무 구체적이고… 설득력 있는 진술도 있고….''

수잔은 웃음을 참기 위해 실제 일할 때와 같은 태도를 끌어내야 했다. 그전까지는 자신의 일이 딸에게 얼마나 많은 영향을 주는지 깨닫지 못했었다.

우리는 이 모든 것이 삶의 일부이며, 우리가 곱자 모드 속에서 살지는 않지만 행동을 읽는 것이 간단하게 켰다 껐다 할 수 있는 일은 아니라는 점을 받아들이게 되었다. 그리고 가끔은 이것이 일종의 저주가 될 수 있다는 사실 또한 깨달았다.

우리에겐 좋은 친구이자 동료—'리처드'라고 하자—가 하나 있는데 그는 수년간 거짓말 탐지 방법론을 연구해왔으며 우리가 알고 있는 그 누구 못지않게 행동을 읽는 능력이 뛰어나다. 최근 리처드는 암이 의심된다는 진단을 받았다. 의사는 간단한 수술을 통해 의심되는 조직을 검사해보자고 제안했다. 또 다른 의사는 암이라고 확신할 순 없다는 의견을 내놓았고, 그래서 우리는 당연히 조직검사를 통해 그저 가벼운 질병으로 판명될 거란 희망을 품고 있었다.

리처드는 결과를 듣기 위해 수술 11일 후 진료를 예약했다. 지루한 기다림이 끝나고 진료실로 들어서자 리처드는 걱정이 밀려왔다.

그가 도착하고 나서 간호사들이 보인 몇몇 행동에서 결과가 좋지 않음을 느낄 수 있었다. 의사가 그에게 인사를 하고 몇 초 안에 그런 느낌은 확신으로 굳어졌다.

리처드는 부정한 행위로 고발당한 정직한 사람의 입에서 가장 먼저 나올 말은 대개 분명하고 단호한 부정임을 알고 있었다. 만약 검사 결과가 좋았다면 의사는 가장 먼저 리처드에게 말했을 것이다. 하지만 의사는 리처드에게 앉을 것을 권했고 조직을 떼어낸 수술 부위가 잘 아물고 있는지 물었다.

누군가의 행동을 읽을 수 있는 능력 때문에 받는 저주가 있다면, 그것은 우리가 안 갔으면 하는 곳까지 가게 될 수도 있다는 것이다. 우리 모두는 앞으로 인생이 어떻게 펼쳐질지에 대한 희망과 바람, 욕구가 있고 바로 이런 현실이 사람들의 마음을 읽을 때 영향을 미친다. 이러한 이유로 우리는 많은 경우에 필사적으로 사람들을 믿고 싶어 한다.

삶에서 매일 발생하는 상황들은 일반적으로 냉철한 임상 분석에 적합하지 않다. 진실을 아는 것을 아주 감당하기 어려운 싸움으로 만드는 인간적 요소가 존재하기 때문이다. 하지만 명심해야 할 것은 결국 진실을 아는 것이 거의 항상 우리의 최고 관심사라는 것이다.

리처드는 정말로 암으로 판명됐다. 기분 좋은 진실은 아니었지만, 그것이 진실이었다. 리처드의 일로 기분이 좋든 나쁘든 진실이 중요하다는 점을 다시 한 번 상기하게 됐다. 현실을 회피하는 것은 리처드에게 최선의 행동 방침이 아니었을 것이다. 리처드는 자기 앞에 놓인 진실을 가지고 자신을 기다리는 전투에서 이기는 데 필요한 행동 단계를 계획할 수 있었다.

아무리 거짓이 넘쳐도 세상이 진실한 이유

1980년대 초 어느 여름날, 오후에 있을 인터뷰 상대를 데리러 CIA 본사 아트리움을 가로질러 가던 중 필의 눈에는 대리석 바닥에 커다랗게 새겨진 CIA 문장이 들어왔다. 지금까지 수도 없이 그랬듯이 그 문장은 두 가지 생각을 불러일으켰다. 하나는 자신이 중앙정보국 직원이 된 것이 얼마나 행운이고 자랑스러운 일인가 하는 것이었고, 다른 하나는 누군가 거짓말을 하면 알아챌 수 있다고 신뢰해도 될 만큼의 경력을 쌓게 된 것이 얼마나 믿기지 않는 일인가 하는 것이었다.

그날 필은 짧은 경력으로 지금까지 만난 피검자 중 가장 까다로운 사람을 만났다. 심리학자—'스미스' 박사라 부르겠다—였던 그는 CIA 의무국에 구직 신청을 한 사람이었다. 훌륭한 자격 조건을 갖춘 사람이었지만 무언가 거슬리는 오만함이 느껴졌다. 주위에 아랑곳하지 않는 무신경한 태도 너머에 미심쩍은 무언가가 있었다. 딱 꼬집어 말할 순 없었지만 필은 직감에 귀 기울이는 법을 배운 터였다. 꽤 힘든 시간이 될 것으로 보였다.

사전 거짓말 테스트에서 스미스 박사는 과거에 마리화나를 조금 사용한 것 말고는 나쁜 짓을 한 적이 없다고 진술했다. 하지만 필은 범죄행위와 관련된 질문에 유난히 불안해하는 모습을 보고 뭔가 숨기고 있다는 것을 느낄 수 있었다. 필은 스미스 박사의 행동에 집중하고 있는 자신을 발견했다. 경험도 많지 않은 젊은 거짓말 조사관이 아이비리그 출신의 성공한 심리학자를 상대로 행동 분석 실력을 겨루는 모습은 가히 비현실적이라 할 만했다.

필이 박사의 모든 행동을 기록하고 분석할 방법론을 생각해내려면 몇 년은 걸릴 것이다. 하지만 일찍이 그는 속임수를 찾아내는 것에 관한 한 자신이 유리한 위치에 있다는 것을 알았다. 실적이 그 증거였다. 아무리 그렇더라도 노련한 심리학자를 상대로 게임에서 이기길 바랄 수 있었을까? 분명 스미스 박사에게는 심리 게임을 펼칠 능력이 있었다. 그는 무슨 비밀을 숨겨놓았을까? 그리고 그 비밀을 성공적으로 감출 수 있을까?

필은 심리학자가 자신은 성인으로서 범죄행위에 가담하지 않았다고 주장할 때 그가 거짓말을 하고 있다고 확신하고 범죄행위에 관련된 질문에 집중했다. 질문이 계속되자 스미스 박사의 행동은 엇나가기 시작했다. 결국 스미스 박사는 다음과 같은 사실을 털어놓았다.

그는 수차례에 걸쳐 하반신 마비 환자들에게 마비는 마음에서 온 것이며 자신의 도움을 받으면 걸을 수 있다고 말했다. 그리고 환자들을 벽과 마주 보게 세운 후 벽을 밀어보라고 말하곤 했다. 단지 환자들이 힘없이 바닥에 쓰러지는 모습을 보는 게 즐거웠기 때문이다. 겉보기에는 성공하고 존경받는 심리학자이며 CIA에 입사까지 하려고 했던 사람이 사실은 치료를 받아야 하는 심각한 환자였던 것이다.

의심할 것도 없이 필이 던진 특정 질문들과 그 방식은 스미스 박사의 자백을 얻기 위한 도구였다. 여기서 필이 대단하다고 할 만한 점은, 이 책에서 소개한 거짓말 탐지 방법론이나 질문 형식, 인터뷰 전략을 완전히 개발하기도 전에 비교적 초기 단계의 도구들을 사용하여 하마터면 엄청난 영향과 심각한 결과를 몰고 올 뻔한 상황에서 놀라운 성과를 거두었다는 점이다. 현재 당신이 손에 쥔 도구는 필이 스미스 박사를 만났을 때 사용한 도구보다 효과도 훨씬 향상되었고 적용 범위도 더욱 넓어졌다.

한 가지 더 언급할 중요한 사항이 있다. 스미스 박사뿐 아니라 상상조차 할 수 없는 끔찍한 짓을 저지른 사람들을 접하면서도 우리 사회가 향해 가는 미래에 대해 절망하거나 침울해하거나 열의를 잃지 않고 일할 수 있는 이유가 무엇이냐고 묻는 사람들이 있다.

그 이유 중 하나는 누군가의 옳고 그름을 판단하는 위치에 있길 거부하는 것과 관련이 있다. 만약 삶의 일부를 돌이킬 수 있다고 한다면, 그리고 싶지 않다고 말할 사람은 거의 없을 것이다. 굳이 그런 척 하지도 않을 것이다. 심지어 지구에서 거짓말을 하지 않고 살아온 사람은 그보다 더 적다. 그러니 우리는 다른 사람에 대한 판단은 기꺼이 재판 절차에 맡긴다. 우리의 임무는 거짓말 탐지 모델, 그리고 인터뷰와 관련된 비강제적 심문 기술을 이용해 진실을 밝혀내는 것뿐이다.

하지만 그보다 더 본질적인 이유는 이 일을 하면서 인간의 나쁜 모습보다는 좋은 모습을 많이, 그것도 훨씬 더 많이 봤기 때문일 것이다. 이 나라를 비롯해 전 세계 인류의 안전과 안보를 위해 인생을 바

쳐온 수많은 사람과 함께 일하는 어마어마한 행운을 얻은 우리는 지금 이 일을 하면서 얻은 경험과 결코 비교할 수 없는 이타적 헌신과 진심 어린 희생을 목격했다.

    이 책을 통해 거짓말하는 순간을 포착하고 그렇게 사람들의 거짓을 분별할 수 있게 된다면, 거짓이 만들어내는 문제들을 해결하기 위해 각계각층의 선한 사람들이 선행을 하고 있다는 사실을 되새겼으면 좋겠다. 이는 결코 부인할 수 없는 진실임을 절대 잊어서는 안 된다.

부록 1

상대의 마음을 간파하는 상황별 추천 질문들

이 책에 제시한 모델은 특정 질문들에 크게 의존한다. 그래서 독자 스스로 질문을 만들 때 참고할 수 있도록 몇 가지 상황에서 사용할 수 있는 추천 질문들을 여기에 소개한다. 우리는 이 질문들이 각각의 상황에서 아주 효과적이며 다른 상황에서도 질문을 만들 때 지침으로 활용하면 굉장히 유용하다는 사실을 확인했다.

하지만 이 질문들을 점검 목록으로 여기지는 말라. 어떤 질문을 어떤 순서로 할지는 질문을 받는 상대방이나 질문자의 선호에 따라 달라질 수 있다. 각각의 상황에서 포괄적 질문을 사용하는 것이 효과적이라는 사실 또한 잊지 말기 바란다.

자녀를 돌봐줄 육아도우미를 고용할 때

자녀를 돌봐줄 좋은 사람을 구하기 위한 면접보다 더 중요한 면접은 아마 없을 것이다. 양쪽 부모가 다 있는 가정이라면 두 부모가 모두 참여하는 심층 면접 이외에도, 적어도 전과 기록 정도는 조회해보고 최소 한 명의 추천인을 포함한 증빙 서류를 확인해보는 배경 조사가 반드시 필요하다.

면접 중 어느 시점이 되면 자녀에게 장차 육아도우미가 될 사람을 소개해야 하는데, 이는 자녀가 어린 아기라도 마찬가지다. 자녀가 예비 육아도우미와 함께 있을 때 편안해 보이는가? 아이들은 타고난 감각으로 자신이 보호받을 수 있다고 느끼는 사람을 아는 듯하다. 그러니 아이들의 반응을 반드시 살펴보라.

육아도우미가 아이를 돌보거나 아기를 안아주는 방식을 평가할 때는 항상 본능적인 느낌을 중요하게 여겨라. 육아도우미가 보여주는 친절함이나 상냥함이 편안한 수준인가? 자녀가 어린 아기라면 아기의 옷과 주변을 적절하게 정리하고 관리하는가? 이처럼 적극적인 태도는 아기를 먼저 생각하는 마음을 보여주는 것이므로 중요하다. 육아도우미의 질문에 아기의 안전과 필요에 관심을 두고 이를 잘 파악하고 있음이 적절하게 드러나는가? 이러한 사항들을 관찰하면서 다음과 같은 질문을 해보자.

- 왜 육아도우미가 되었나요?

- 육아도우미로 일한 지는 얼마나 되었나요?
- 어떤 연령대를 돌봤나요?
- 어떤 연령대 아이들을 돌보는 것이 가장 즐거웠나요? 이유는요?
- 돌보기 어려웠거나 힘들 것 같다고 생각하는 연령대가 있나요? 이유는요?
- 남자아이와 여자아이를 둘 다 돌본 적이 있나요?
- 혹시라도 성범죄 기록에 당신 이름이 올라 있을 만한 이유가 있나요?
- 육아도우미를 하면서 느낀 가장 큰 보람은 무엇인가요?
- 육아도우미 일을 하면서 가장 싫었던 점은요?
- 지금까지 가장 돌보기 어려웠던 아이(유아)에 대해 말해보세요.
- 아이(유아)를 돌보면서 가장 힘들었던 일은 무엇이었나요?
- 아기가 울기 시작해서 얼마나 지나면 살펴보나요?

》후속 질문 : 이유는요?(육아도우미가 설명한 방식으로 대처한 이유를 설명해달라고 요청하라.)

- 아기가 울기 시작해서 얼마나 지나면 안아주나요?

》후속 질문 : 이유는요?(육아도우미가 설명한 방식으로 대처한 이유를 설명해달라고 요청하라.)

- 아이를 훈육하는 데 어떤 철학을 가지고 있나요?
- 육아도우미 일을 하면서 가장 강도가 높은 훈육은 무엇이었나요?
- 육아도우미 일을 하면서 경험했던 가장 심각한 응급 상황은 무엇이었나요?

- 응급 처치나 비상시 대처에 관해 어떤 훈련을 받았나요?
- 지금까지 일하면서 가장 힘들었던 가족은 어떤 가족이었나요?

〉〉**후속 질문**: 힘들었던 이유는요?

〉〉**후속 질문**: 지나고 나서 생각해봤을 때 그 상황을 모두에게 좀 더 바람직한 경험으로 만들기 위해서는 어떻게 해야 했을까요?

- 육아도우미 일을 하면서 좌절감을 느낄 때는 언제인가요?
- 아이(유아)의 어떤 행동이 가장 화가 나나요?
- 아이를 돌보면서 마지막으로 화를 내거나 화를 낼 뻔했던 때는 언제인가요?
- 어떤 유형의 아이들이 가장 돌보기 어렵다고 생각하나요?
- 아이를 책임지면서 겪은 최악의 경험은 무엇인가요?
- 당신의 추천인은 육아도우미로서 당신의 가장 큰 장점을 무엇이라고 말할까요?
- 당신의 추천인은 육아도우미로서 당신의 가장 큰 단점을 무엇이라고 말할까요?
- 어떤 상황일 때, 부모가 분명히 금지한 아이의 바람이나 요구를 들어줄 건가요?
- 추천인이 당신을 육아도우미로 추천하길 주저할 만한 이유가 있을까요?
- 질문하지 않는 내용 중 제가 반드시 알아야 할 것이 있나요?

자녀에게 마약 혹은 음주에 대해 물어볼 때

아이나 십 대 자녀에게 마약과 음주 가능성에 대해 물어볼 때는 낮은 목소리로 비난하지 않는 어조를 유지하는 것이 매우 중요하다. 그러면 아이와 긍정적 관계를 유지할 수 있고, 자녀의 행동이 당신의 공격적이거나 위협적인 태도 탓이 아니라 질문에 대한 반응이라는 확신을 높일 수 있다.

자녀가 말을 하기 시작하면 그에 대해 반응하거나 비난하는 것을 삼가라. 그렇게 할 수 없을 것 같다면 다른 가족이나 가까운 친구에게, 가능하다면 자녀와 나이가 비슷한 사람에게 대화를 부탁하라. 또한, 자녀가 마약이나 술에 취한 상태에서는 눈에 보이는 행동 지표의 신뢰도를 확신할 수 없으므로 이러한 상태가 의심되는 경우에는 질문하지 않아야 한다.

자녀가 잘못을 인정했다고 하더라도 바로 캐묻지 않는 것 또한 중요하다. 예를 들어 자녀가 대마초를 피워봤다고 시인할 경우 그에 관해 묻고 싶은 수많은 질문을 잠시 접어두고 일단 자녀의 시인을 받아들인다. 일단 받아들이기만 하고 자녀에게 또 다른 마약은 어떤 것들을 경험해봤는지 물어보라. 단 시인한 각각의 마약에 대해 당신이 얼마나 깊이 알아내려고 하는지를 자녀가 의식하게 해서는 안 된다. 그래야 자녀의 경계심을 낮추고 자녀가 경험한 마약들을 전체적으로 좀 더 완벽하게 파악할 수 있다. 경험한 마약들을 완전히 파악했다면 이제 각각의 경험을 깊이 파헤칠 준비가 되었다.

자녀가 마지막으로 시인한 마약부터 시작하라. 그것이 가장 심각한 것이며 당신에게 말하길 가장 꺼렸던 내용일 것이다. 가장 힘든 문제를 먼저 해결함으로써 자녀가 당신의 질문을 더욱 쉽게 받아들일 수 있게 된다. 아래에 지침이 될 만한 몇 가지 질문을 소개한다(상황에 따라 적절하게 '마약'을 '술'이나 '담배'로 대체해도 된다). 질문할 때는 평소 자녀와 대화를 나눌 때처럼 자연스럽고 일관된 표현을 써야 한다.

- 요즘 어떤 약이 인기가 있니?

    (이 질문은 초기에 묻는 것이 중요한데, 이를 통해 자녀가 그 또래의 마약 문화에 얼마나 정통해 있는지 알 수 있기 때문이다.)

- 어떤 마약에 관해 들어봤니?
- 어떤 마약을 실제로 봤니?
- 어떤 마약을 직접 경험해봤니?
- 가장 경험해보고 싶은 약은 뭐니?
- 네가 본 친구들은 어떤 마약을 하던?
- (인근 지역) 학교 아이들도 마약을 많이 복용하니?
- 네 친구가 자기 부모님에게 네가 마약을 했다고 말할 만한 이유가 있을까?
- 파티나 다른 모임에서 마약을 보고 놀란 적 있니?
- 친구가 마약을 한다는 사실을 알고 놀란 적 있니?
- 약물 검사를 하자고 하면 어떨 것 같니?
- 1은 '전혀 그렇지 않다', 10은 '거의 그렇다'라고 해서 1부터

10까지의 숫자로 점수를 매길 때 마약을 하고 싶은 유혹을 얼마나 느꼈니?
- 어떤 환경에 있을 때 마약을 시도해볼 것 같니?
- 지금까지 물어보지 않은 것 중에 내가 꼭 알아야 할 사실이 있니?

배우자의 불륜에 대해 물어볼 때

불륜은 가볍게 접근해서도 안 되고 시간을 때우기 위한 대화의 주제가 되어서도 안 된다. 실제로 죄가 있든 없든 배우자나 진지한 관계에 있는 다른 그 누구와 불륜이나 부정에 관한 이야기를 꺼내는 것은 감정적으로 격한 상황을 만들 수도 있다는 사실을 항상 명심해라. 성공적으로 대화를 이끌어가려면 최선을 다해 자신의 감정을 조절하고 가능한 한 차분한 태도를 유지해야 한다. 불륜에 대해 질문했을 때 상대방이 보이는 행동은 질문에 대한 반응이지 당신의 태도에 대한 감정적 반응이 아니어야 한다. 굉장히 다루기 어렵고 민감한 문제이긴 하지만 매복했다 급습하는 식으로 상대방을 공격하는 것처럼 보이지 않도록 최선을 다하라.

먼저 당신의 외모에 대한 불만이나 나이 듦에 대한 아쉬움 같은 자기 회의적인 말로 대화를 시작할 수 있을 것이다. "당신은 더 이상 나를 사랑하지 않는군요"나 "당신은 더는 나에게 관심이 없군요"와 같이 상대방을 공격하는 말로 대화를 시작하지 말라. 이러한 진술은 배우자의 경계심을 높여 질문에 대한 행동 반응을 분간하는 데 방해가 될 수 있다. 대화가 말다툼으로 악화하지 않도록 최선을 다해라. 말다툼은 정보 탐색을 방해하는 지름길이다.

만약 배우자가 불륜을 인정한다면 아무 반응도 하지 말고 받아들인 뒤 다른 때도 그 같은 불륜을 저질렀는지 물어라. '다른 때도' 불륜이 있었는지 계속 묻다가 배우자가 더 이상 거짓 행동을 보이지 않은 채 부정하거나 심리적 참호 구축을 다뤄야 하는 상황이 명확해지면, 당신은 이제 하나하나의 불륜 사실에 대해 구체적으로 파헤칠 준비가 된 것이다. 먼저 상대가 마지막으로 인정한 사실부터 파헤친다. 그것이 아마도 가장 심각한 내용일 것이다.

아래에 소개하는 질문을 모두 사용하라는 것은 아니다. 본인의 상황에 가장 잘 맞는 질문만 골라서 활용하면 된다. 단 자신이 진정 질문에 대한 답을 알고 싶은지 확실히 한 후 질문하라.

- 특별히 어떤 사람에게 끌렸어요? 그 이유는요?
- 최근에 바람을 피우고 싶다고 느꼈던 적은 언제죠?
- 당신과 (문제의 당사자 이름) 사이에서 실제로 무슨 일이 있었나요?
- 누군가가 당신이 부정을 저지르고 있다고 말할 만한 이유가 있나요?
- 우리가 만난 후로(우리가 결혼한 후로) 나 이외에 누구와 성관계를 했나요?
- 최근에 나 이외의 다른 사람과 성관계를 한 건 언제죠?

- 나 말고 감정적으로 끌리는 사람이 있나요?
- 어떤 상황일 때 당신은 외도를 해볼까 하는 생각을 할까요?
- 최근에 누군가가 당신에게 추근거린(수작을 건) 것은 언제인가요?

  ≫ 후속 질문 : 그래서 어떻게 됐나요?
- 지금까지 질문하지 않는 내용 중 내가 꼭 알아야 할 것이 있나요?

물건을 도난당했을 때

절도 상황에는 무한히 다양한 가능성이 존재한다. 사람들은 돈에서부터 실제 물건, 비밀에 이르기까지 온갖 것들을 훔친다. 따라서 모든 절도 상황에 적합한 질문들을 만드는 것은 불가능하지만, 대부분의 절도 사건에서 다룰 수 있는 몇 가지 핵심 개념은 있다. 이를 활용하면 상대의 과실 여부를 조금 더 정확하게 파악할 수 있다. 분명, 아래 질문 목록이 절도 사건 수사에서 나올 수 있는 모든 영역의 질문을 포괄하는 것은 아니다. 하지만 다음 질문들의 바탕에 깔린 개념은 수사에 도움이 될 수 있으며, 이 질문들을 적절하게 수정하면 대부분의 절도 상황에서 활용할 수 있다.

- 사라진 _____(돈, 컴퓨터, 자동차 등)에 대해 무엇을 알고 있습니까?
- _____이(가) 사라진 것과 어떤 관련이 있지요?

- 사라진 _____은(는) 지금 어디 있습니까?
- 물건이 사라지기 전 당신이 그 주변에 있는 모습이 보안 카메라에 찍힐 만한 이유가 있습니까?
- 누군가가 _____이(가) 사라진 장소에서 당신을 목격했다고 증언할 만한 이유가 있습니까?
- _____이(가) 사라진 장소에서 당신의 지문이 발견될 만한 이유가 있습니까?
- _____이(가) 사라진 장소에 마지막으로 간 것은 언제입니까?
- 과학수사에서 _____을(를) 훔친 범인이 당신이라는 증거가 발견될 만한 이유가 있습니까?
- 선의의 표시로 이번 손실을 사비로 변상할 용의가 있습니까? (죄가 없는 사람이라면 아마도 "제정신이 아니군요! 제가 돈을 훔치지도 않았는데 왜 그렇게 하겠어요?"라고 할 것이다. 죄가 있는 사람도 동의하지 않을 수는 있지만 생각해보겠다고 말할 수도 있다. 만약 "글쎄요. 괜찮은 것 같기도 한데… 생각해봐야겠어요"라고 한다면 그자가 범인이라고 생각해도 좋다.)
- 제가 질문하지 않은 내용 중에 꼭 알아야 할 것이 있습니까?

부록 2

샌더스키 성추행 혐의 사건을 통한 거짓말 분석 사례

전 펜실베이니아주립대학교 풋볼 코치 제리 샌더스키 Jerry Sandusky는 어린 남자아이들을 상대로 한 성적 학대 혐의로 한 달에 두 번이나 체포되었다. 2011년 11월 5일에는 여덟 명의 남자아이들을 40차례나 학대한 혐의로 체포되었다가 10만 달러의 보석금을 내고 풀려났고, 그에게 성추행을 당했다고 주장하는 피해자 둘이 더 나타나면서 12월 7일 다시 체포되었다. 이번에도 그다음 날 25만 달러의 보석금을 내고 풀려났지만, 가택 연금 및 전자 모니터 착용 명령이 내려졌다.

11월 14일, NBC의 밥 코스타스 Bob Costas는 샌더스키와 전화 인터뷰를 했고, 11월 17일, 우리는 인터뷰 내용을 분석하여 게시했다. 우리가 어떤 방법으로 모델을 활용하여 일반인을 위한 서사 분석을 준비하는지 보여주고자 여기서 분석 내용을 소개하려고 한다.

이 글을 쓸 당시 샌더스키는 혐의를 부인하며 무죄를 주장했고 어떠한 혐의에 대해서도 유죄판결을 받지 않았다. 아래 분석은 인터뷰 중 관찰한 샌더스키의 행동을 바탕으로 우리의 의견을 제시한 것에 불과하다. 따라서 어떤 식으로든 이 분석을 샌더스키가 유죄임을 입증하는 증거로 해석해서는 안 된다. 이 점을 숙지하고 우리가 분석한 내용을 읽어보기 바란다.

• ○ ○

>>요약 전 펜실베이니아주립대학교 풋볼 코치 제리 샌더스키가 여러 미성년자들을 성추행하거나 성적으로 학대했다는 주장들은 그 혐의의 성격상 전부는 아니더라도 대부분은 진실일 것이라고 많은 이들이 믿었다.

11월 14일, NBC의 밥 코스타스와 가진 인터뷰에서 샌더스키가 보여준 행동을 평가한 결과도 그러한 판단을 뒷받침한다. 하지만 그보다 더 충격적인 사실은 우리의 분석으로는 샌더스키가 아이들과 부적절한 신체적 접촉을 가진 사례가 기소장에 제기된 사건들에만 국한되지 않을 수도 있다는 것이다. 인터뷰 때 그가 한 말에서는 거짓 징후들이 아주 많이 나타났고, 특히 문제와 관련된 직접적인 질문에 끝까지 부인하지 않았다는 점은 주목할 만하다.

다음에 이어지는 내용은 코스타스와 샌더스키의 전화 인터뷰 전문이다. 여기에는 당시 인터뷰에서 자신의 몫을 하기 위해 코스타스와 함께 스튜디오에 나와 있던 샌더스키의 변호사 조셉 아멘돌라 Joseph Amendola와의 대화 내용도 포함되어 있다. 샌더스키의 답변에는 우리의 행동 분석 결과를 덧붙였다.

> 코스타스 샌더스키 씨, 40차례의 성추행으로 고소를 당하셨지요. 대배심 보고서에도 구체적인 내용이 나와 있고 고소인도 여러 명이고 성추행의 다양한 측면을 봤다는 목격자도 여럿입니다. "아니 땐 굴뚝에 연기가 날 리 있겠느냐"고 말하는 사람들도 있는데 어떻게 생각하십니까?
> 샌더스키 그런 혐의에 대해 나는 결백하다고 말하겠습니다.

>>분석 코스타스는 첫 질문에서 본질적으로 샌더스키에게 자신은 고소장의 주장들이 사실인 것으로 생각한다고 말하는 것이나 마찬가지다. 샌더스키가 보기에 이 질문은 코스타스가 자신이 문제의 아이들을 성추행한 게 틀림없다고 믿고 있다는 뜻이다.

샌더스키는 이러한 주장들을 직접적으로 부정하는 대신 "나는 그런 혐의에 대해 결백하다"고 말한다. 행동 분석에서는 이와 같은 진술을 '거짓 부정 false denial'이라고 한다. 좀 더 직접 부정하려 했다면 "나는 그 아이들 중 누구도 성추행하지 않았다"라고 말했을 것이다. 샌더스키의 진술은 아동 성추행을 부인하는 것이라기보다 법적 결과와 관련이 있다. 우리 모두 잘 알고 있듯이 유죄라는 증거가 넘쳐날 듯이 많은데도 죄가 있는 사람이 무죄로 풀려나는 사건이 수도 없이 많다.

우리가 평가하는 바는 이렇다. 거짓말을 하는 것처럼 보이는 많은 사람들이 그렇듯이 샌더스키 또한 "나는 성추행하지 않았다"는 좀 더 직접적인 거짓말을 하는 데 어려움을 느꼈을 것이다. 자신이 아이들을 성추행했다는 것을 알고 있다면 "나는 결백하다"라는 좀 더 간접적인 진술을 하기 쉽다. 혹시나 상식이라곤 없는 배심원단이 무죄 판결을 내릴 수도 있지 않을까 하는 마음에서라도 말이다.

코스타스 결백하다고요? 절대적으로 결백한데 모든 혐의가 잘못 기소된 것이라는 얘깁니까?

샌더스키 그러니까, 이렇게 말할 수 있겠습니다. 아시겠지만 제가 그런 것들을 한 적은 있습니다. 아이들과 거친 장난을 치기도 했고 운동 후에는 샤워도 같이 했습니다. 아이들을 껴안기도 했고요. 성적으로 접촉할 의도는 없었지만, 다리를 만지기는 했습니다. 하지만 뭐, 이런 것들을 그런 식으로 본다면 그런 것들을 한 적이 있다는 게 맞겠습니다.

》》분석 코스타스는 분명 샌더스키의 이전 답변에 신뢰성이 부족하다는 걸 알고 기소장의 혐의 내용이 모두 사실이 아니라는 말인지 혹은 사실이라는 의미인지를 확실히 결정하라고 요구했을 것이다. 이에 대한 샌더스키의 대답은 수많은 거짓 행동을 포함하고 있을 뿐 아니라 자신의 죄와 관련하여 의도하지 않은 메시지도 상당 부분 포함

하고 있는 것으로 보인다.

"그러니까, 이렇게 말할 수 있겠습니다. 아시겠지만 제가 그런 것들을 한 적은 있습니다"라는 말로 대답을 시작한 샌더스키의 진술을 평가해보자. 그는 기소장에서 주장하는 혐의들이 전부는 아니더라도 대부분 진실임을 알고 있기 때문에 심리적으로 혐의를 모조리 부정하기가 힘든 것이다. 장차 몇 가지 혐의는 인정해야 할 것이라 생각해서, 그리고 아마도 기소장의 혐의들을 입증할 상당한 증거가 있음을 알고 있기에, 그는 자신의 그런 답변이 문제가 될 수는 있어도 불법은 아닌 행동을 인정하는 것뿐이라고 믿는 것인지도 모른다.

모델을 근거로 판단할 때 샌더스키의 답변에 포함된 이런 시작 진술은 그와는 반대되는 사실을 강하게 시사한다. 여기서 우리는 그가 아이들을 성추행했다는 잠재적인 의도하지 않은 메시지를 볼 수 있다. 이런 점과 더불어, 아이들과 함께 샤워하면서 접촉이 있었다는 점을 인정했다는 사실까지 고려하면 샌더스키는 범죄를 저질렀다는 얘기나 다름없다. 행동 관점에서 볼 때 인터뷰는 이미 샌더스키에게 불리한 쪽으로 흘러가고 있다.

코스타스 이 미성년자들과 부적절한 성적 접촉을 했다는 것을 부정하시는 겁니까?

샌더스키 네, 그렇습니다.

》》분석 샌더스키에게 빠져나갈 틈을 주지 않고 계속해서 파고들

려는 코스타스의 의도는 아주 적절해 보인다. 하지만 안타깝게도 코스타스는 질문에 직접적인 부정의 표현을 사용함으로써 샌더스키에게 어느 정도 빠져나갈 빌미를 제공했다. 샌더스키는 부정하는 말을 직접 하는 대신 코스타스의 부정에 동의하기만 하면 되기 때문이다.

행동 평가 관점에서 볼 때 코스타스가 "이 아이들과 어떤 성적 접촉 또는 관계를 가졌습니까?"라고 물었다면 상황은 훨씬 더 재미있게 진전되었을 것이다. 샌더스키가 한 번 더 직접적인 부정으로 대답하지 않았다면 그의 죄는 굉장한 비난을 받았을 것이다.

> **코스타스** 성기를 한 번도 만진 적이 없단 말씀입니까? 구강성교를 한 적도 없고요?
> **샌더스키** 맞습니다.

>>분석 이번에도 샌더스키와 아이들 사이에 있었던 부적절한 성적 접촉을 확인하고자 끈질기게 물고 늘어지는 코스타스의 자세는 칭찬할 만하다. 하지만 부정적 질문을 던져 동의하는 것 말고는 다른 선택권을 주지 않음으로써 이번에도 샌더스키에게 다시 한 번 빠져나갈 구멍을 만들어주고 말았다. 공평하게 말하자면, 코스타스는 정보 수집 모드에서 벗어나 일반인에게 터무니없는 소리로 들릴 이야기 속에 샌더스키를 가두는 접근 방식으로 전환했을 수도 있다.

> **코스타스** 2002년, 샤워하러 들어갔다가 당신이 열 살, 열한 살쯤 되

어 보이는 남자아이를 강간하고 있는 장면을 목격했다고 자세한 설명과 함께 진술한 졸업생 조수 마이크 맥퀴어리Mike McQueary의 증언은 어떻게 생각하십니까? 아이가 두 손을 위로 뻗은 채 샤워실 벽면에 대고 있었고 '찰싹, 찰싹, 찰싹' 하는 소리가 규칙적으로 들렸다고 했는데요. 마이크가 이 모습을 강간이라고 묘사한 겁니까?
샌더스키 그건 사실과 다르다고 말하겠습니다.

》》분석 모델을 근거로 볼 때 샌더스키의 대답은 철저하게 거짓이라고 결론을 내릴 수 있다. 그는 이번에도 직접적인 부정을 써서 표현하지 않았다. "나는 그 남자아이를 강간하지 않았습니다" 혹은 더 나아가 "그 아이와는 어떠한 성적 접촉도 없었습니다"와 같은 취지로 들리길 바랐을지도 모르나 "그건 사실과 다르다고 말하겠습니다"라는 진술과 함께 놓고 보면 마이크가 묘사한 그대로의 사건이 일어났다는 데 의심의 여지가 없다.

샌더스키는 마이크의 주장이 실제로 거짓이라고 주장하기니 그런 사건은 일어나지 않았다고 주장하지 않는다. 심지어 제기된 주장에 대해 사실과 다르다고 '말하겠다'는 표현을 썼다. 종합해보면 이 두 가지 거짓 징후가 마이크가 주장한 사건이 실제로 일어났을 가능성이 매우 높다는 것을 명백하게 보여준다.

코스타스 그가 거짓말을 한 의도는 무엇이었을까요?
샌더스키 그건 그 사람한테 물어봐야죠.

〉〉분석 샌더스키의 이 대답에는 두 가지 중요한 거짓 징후가 포함되어 있다. 첫째는 질문에 대한 언급을 꺼린다는 점이고, 둘째는 남자아이와의 성적 관계에 대해 부정하지 않았다는 점이다. 이 같은 행동은 샌더스키의 이전 답변에 대한 우리의 분석이 타당함을 더욱 확실하게 보여준다.

코스타스 마이크 맥퀴어리가 우연히 당신과 어린 남자아이를 발견했던 그날 밤 샤워실에서는 무슨 일이 있었습니까?
샌더스키 좋아요. 우린 샤워를 하면서 장난을 치고 있었습니다. 아이가 샤워기를 모두 틀어놓고는 바닥을 미끄러지듯 왔다 갔다 하고 있었어요. 제가 기억하기엔 수건을 가지고 때리면서 장난을 치고 있었어요.

〉〉분석 우리 분석에 따르면 샌더스키는 기억이 나지 않는다고 말함으로써 또는 암시함으로써 진행자가 계속해서 진실을 알아내지 못하도록 방해하려는 의도다.

코스타스 1998년, 샌더스키 씨가 자기 아들과 샤워를 하면서 부적절한 신체적 접촉을 했다며 한 어머니가 문제를 제기한 적이 있었습니다. 두 명의 형사가 어머니와 샌더스키 씨의 대화 내용을 엿들었는데, 어쩌면 당신의 은밀한 부위가 그 아들에게 닿았을 수도 있겠다고 인정하셨지요. 거기선 무슨 일이 있었던 겁니까?

샌더스키 글쎄요. 거기서 정확히 무슨 말이 오갔는지 기억이 나지 않습니다. 제 입장에서 말할 수 있는 건 그 남자아이가 그렇게 느꼈다면 그건 제 잘못이라는 겁니다.

》》분석   이 대화 내용을 행동 분석 관점에서 보면, 샌더스키는 문제의 어린 남자아이와 성적 접촉이 있었으며 그러한 접촉이 성격상 '잘못'된 것임을 우회적인 방법으로 인정하고 있다. 또한 우리가 보기에 그의 선택적 기억("글쎄요. 거기서 정확히 무슨 말이 오갔는지 기억이 나지 않습니다.")은 유죄를 입증하는 구체적인 사항을 언급하지 않기 위한 행동상의 계략임을 명확하게 입증하는 것이다.

코스타스 그런 대화 중에 샌더스키 씨는 "이해합니다. 제 잘못입니다. 용서를 구할 수만 있다면 바랄 게 없습니다"라고 말씀하셨고, 어머니에게 "물론 용서받지 못하리란 건 압니다. 차라리 죽고 싶습니다"라고 하셨습니다. 잘못 기소된 사람이리면 혹은 본래 의도와는 달리 행동이 오해를 받은 사람이라면 그런 식으로 말하진 않지 않습니까?

샌더스키 모르겠습니다. 제가 기억하기엔 죽을죄를 지었다고 말한 적이 없습니다. 무난하게 합의를 할 수 있었으면 하고 바랐죠.

》》분석   코스타스는 이 질문을 통해 샌더스키에게 그의 대답은 물론 그러한 대답과 관련된 행동이 그를 상대로 제기된 주장들이 사실

임을 의미한다고 말하고 있다. 샌더스키는 제기된 주장들을 전면적으로 부정하기보다 "차라리 죽고 싶습니다"라는 말과 함께 기억이 나지 않는다고 주장함으로써 코스타스가 지적한 작은 문제 하나만을 문제 삼고 있다. 제기된 주장들에 대해 계속해서 직접적으로 그리고 강하게 부정하지 않는 그의 태도는 행동 분석 관점에서 보면 매우 우려할 만한 요소이며, 모델을 적용하여 따져봤을 때도 이는 샌더스키가 유죄일 수 있다는 가능성을 강하게 시사하는 것이다.

코스타스 2000년, 그 일이 있은 직후 한 관리인이 펜실베이니아주립대학교 라커룸의 샤워실에서 당신이 어린 소년을 상대로 구강성교를 하는 모습을 봤다고 진술했습니다. 정말로 그런 일이 있었습니까?

샌더스키 아니요.

》》<u>분석</u> 흥미롭게도, 코스타스가 샌더스키에게 그의 행동과 답변에 신뢰성이 부족하다는 점을 지적한 후 샌더스키는 특정 주장에 대해 좀 더 직접적으로 대응해야 할 필요성을 느낀 것으로 보인다. 그래서 간단히 "아니요"로만 대답한 것이다. 코스타스는 자신도 모르게 샌더스키에게 그의 답변이 받아들이기 어려울 만큼 신뢰성이 없음을 일깨움으로써 인위적으로 샌더스키의 행동을 바꾼 것일 수도 있다.

코스타스 그렇게 극단적이고 충격적인 일을 보지도 않고 봤다고 생각하는 사람이 있을 수 있을까요? 도대체 어떤 사람이 어떤 의도로 그런 이야기를 지어낼 수 있을까요?

샌더스키 그건 그 사람에게 물어봐야죠.

〉〉분석 코스타스는 샌더스키의 "아니요"라는 대답에 만족하지 못하고 고집스럽게 샌더스키를 공격한다. 이전 질문에서 제기된 쟁점에 위기를 느낀 샌더스키는 어떤 종류의 부정도 하지 않는 전략으로 다시 돌아가 화두를 관리인으로 돌려 코스타스의 질문을 회피하려 한다. 종합해보면, 샌더스키의 대답은 모델을 적용해봤을 때 다시 한 번 그가 유죄임을 강하게 시사한다.

코스타스 이런 혐의들이 모두 거짓이라면 샌더스키 씨는 괜한 오해로 비난을 받은 세상에서 가장 불운한 사람이 될 것 같습니다.

샌더스키 제게 어떤 대답을 바라는지 모르겠습니다. 지금 이런 사건들이 제 인생 최고의 순간이라고 생각하지는 않습니다.

〉〉분석 확실히 신뢰할 만한 증거로 보이는 정황들을 앞에 두고도 신뢰성이 떨어지는 답변을 내놓는 샌더스키의 태도가 마음에 들지 않은 게 분명한 코스타스는 빈정대는 어조로 샌더스키의 혐의에 대해 설명한다. 이처럼 노골적인 비꼼에도 아랑곳하지 않고 샌더스키는 또다시 어느 아이도 성추행하지 않았다고 명시적으로 부정하지 않는다. 그는 또한 "지금 이런 사건들이 제 인생 최고의 순간이라고 생각하지는 않습니다"라고 말함으로써 꽤 정직해 보이는 진술을 한다. 우리의

행동 분석 결과가 시사하는 바와 같이 샌더스키를 상대로 제기된 혐의들이 모두 사실이라면 지금 이런 사건들이 인생 최고의 순간이 아니라고 느낄 만한 이유는 충분히 있는 것이다.

코스타스 (내레이션) 샌더스키의 변호사 조셉 아멘돌라 씨는 펜실베이니아 주가 여덟 명의 희생자 명단과 함께 제출한 고소장이 유죄판결로 이어지진 않을 것이라고 주장합니다.

코스타스 며칠 전 "앞으로 변호 과정에서 훨씬 더 많은 것들이 나올 것입니다"라고 하셨는데, 대략적으로 어떤 것입니까?

아멘돌라 앞으로 많은 아이들이 등장할 거라 예상합니다. 지금, 소위 말하는 그 여덟 명의 아이들 중에서도 우리가 모르는 아이들이 얼마나 많습니까. 하지만 그중 최소한 몇 명은 직접 재판에 나와 이런 일은 없었다, 이게 나다, 이것이 주장하는 바이다, 이런 일은 일어나지 않았다고 이야기할 것으로 기대합니다.

실제로 가장 까다로운 주장 가운데 하나가 맥퀴어리가 봤다고 하는 것인데, 우리는 그 아이가 그런 일이 없었다고 말하고 있다는 정보를 가지고 있습니다. 이제야 철이 든 거죠.

코스타스 지금까지 저희는 피해자라고 주장하는 사람들을 확인할 수 없다고 들었는데요. 아멘돌라 씨는 그 피해자를 확인하신 겁니까?

아멘돌라 그런 것 같습니다.

코스타스 그렇다면 그 피해자를 찾은 것이군요. 펜실베이니아 주에서는 못 찾았고요?

아멘돌라 네. 흥미롭지 않습니까?

코스타스 아멘돌라 씨라면 자녀들을 샌더스키 씨와 함께 두시겠습니까?

아멘돌라 그럼요. 전 샌더스키 씨의 결백을 믿습니다. 솔직히 말하자면 그 때문에 제가 이 사건을 맡은 것이기도 합니다.

코스타스 그의 결백을 믿는다고요? 그의 형량을 최소화할 수 있다는 말이 아니고 그의 결백을 믿는다는 것이군요.

아멘돌라 전 그의 결백을 믿습니다.

코스타스 (내레이션) 한편, 조 패터노 감독 펜실베이니아주립대학교 풋볼 감독-옮긴이의 전국 선수권 대회 승리를 함께 이끈 남자가 현재 자신이 모셨던 감독을 무너뜨릴 스캔들에 휘말렸습니다.

코스타스 샌더스키 씨가 알기로 조 패터노 감독은 2002년 그 사건 이전에 문제가 될 만한 행동들과 관련하여 샌더스키 씨 입장에 관해 조금이라도 알고 있었습니까?

샌더스키 그 질문에 대해서는 완전히 대답할 수가 없습니다. 굳이 대답하자면 "아니요"입니다.

≫분석 "그 질문에 대해서는 완전히 대답할 수가 없습니다"라는 샌더스키의 유효 진술은 샌더스키가 생각하기에 2002년 이전에 패터노 감독이 알고 있는 '문제가 될 만한 행동들'과 관련된 정보가 실제로 있다는 것을 나타낸다.

코스타스 조 패터노 감독이 한 번이라도 직접 샌더스키 씨의 행동에 대해 이야기한 적이 있습니까?

샌더스키 아니요.

코스타스 한 번도요?

샌더스키 네.

코스타스 샌더스키 씨가 벌였을 수도 있는 일에 대해 한 번도 물은 적이 없다고요?

샌더스키 네.

코스타스 샌더스키 씨에게 도움이 필요한지, 상담이 필요한지 물어보지 않았다고요?

샌더스키 네.

코스타스 어떤 방식으로도 못마땅한 심기를 드러내지 않았습니까?

샌더스키 네.

>>분석 문제가 될 만한 행동으로 제기된 혐의에 대해 패터노가 직접적으로 언급한 적이 있는지에 관한 대화에서 샌더스키는 어떠한 거짓 징후도 보이지 않았다. 그러나 거짓 징후의 부재는 코스타스가 부정적 질문을 사용해 샌더스키가 쉽게 빠져나갈 기회를 제공한 결과일 수도 있다.

코스타스 이 의혹이 불거진 이후 펜실베이니아주립대학교와 조 패터노 감독, 펜실베이니아주립대학교 풋볼팀, 그리고 팀에서의 역할에 대해서는 어떻게 생각하십니까?

샌더스키 제가 몸담았던 학교, 함께 일했던 사람들, 너무나 아꼈던 사람들에게 어떤 마음일 거라고 생각하십니까? 제가 이번 사건에 대해 어떤 마음일 것 같습니까? 아주 끔찍합니다.

코스타스 끔찍한 마음이시군요. 샌더스키 씨의 잘못이라 생각하십니까?

샌더스키 어떤 의도로 질문하시는 건지 모르겠네요.

》〉**분석** 코스타스는 끈질기게 진실을 파헤치려는 태도를 보이면서 다시 한 번 샌더스키에게 본인의 잘못이라 생각하는지 묻는다. 이번에도 샌더스키는 어떠한 잘못에 대해서도 부정하지 않으며, 심지어 질문을 이해하지 못하겠다고까지 표현한다. 모델을 근거로 따져볼 때 샌더스키의 이러한 행동은 계속해서 유죄 가능성을 가리킨다.

코스타스 죄책감을 느끼십니까? 자신의 잘못이라 여겨지십니까?

샌더스키 아니요. 제 잘못이라고 생각하지 않습니다. 이 부분에서는 분명 맡은 바 역할을 했습니다.

》〉**분석** 이 문제가 본인의 잘못인지 묻는 질문에 샌더스키는 일관되지 않은 진술을 한다. 우선 그는 "제 잘못이라고 생각하지 않습니다"라는 유효 진술을 한 다음 "이 부분에서는 분명 맡은 바 역할을 했습니다"라는 말로 입장을 바꾸는 것처럼 보인다. 우리의 분석에 따르

면 일관되지 않은 진술은 샌더스키가 자신에게 제기된 주장들이 모두 사실임을 알고 있으며 스스로를 어떠한 잘못도 하지 않은 사람으로 묘사하기가 매우 어렵다고 느끼고 있음을 나타낸다.

코스타스 샌더스키 씨가 한 역할을 어떻게 정의하시겠습니까? 샌더스키 씨가 한 행동 중 잘못된 행동과 하지 말았어야 했던 행동이라고 인정하는 것은 무엇입니까?
샌더스키 글쎄요. 돌이켜보면 그 아이들과 샤워를 하지 말았어야 했습니다.
코스타스 그게 다입니까?
샌더스키 네. 그러니까 제 말은 그게 저를 가장 많이 괴롭힌 부분이니까요.

》》분석 잘못된 행동이라고 인정하는 게 무엇인지 묻자 샌더스키는 "그 아이들과 샤워를 하지 말았어야 했습니다"라고 인정한다. 또다시 이 진술은 샌더스키가 범죄를 저질렀다는 말과 다를 바 없다. 이 진술은 인터뷰 내내 계속된 수많은 거짓 징후들과 함께, 이 사건에는 아직 수면으로 떠오르지 않은 이야깃거리가 훨씬 많이 남아 있음을 말해준다.

코스타스 샌더스키 씨는 소아성애자입니까?
샌더스키 아니요.

>>**분석** 이 대답에는 거짓 징후라 여길 만한 내용이 없지만, 코스타스가 샌더스키에게 의견 질문을 제시했고 이에 샌더스키는 자신의 행동이 소아성애자라는 기준에 미달하도록 합리화했을 수 있다는 점에 주목하는 게 중요하다.

코스타스 어리거나 미성년의 남자아이들에게 성적 매력을 느끼십니까?

샌더스키 미성년의 남자아이들에게 성적 매력을 느끼느냐고요? 성적 매력을요? 아니요. 아시겠지만 어린아이들을 보면 즐겁습니다. 아이들과 함께 시간을 보내는 게 좋습니다. 하지만 어린 남자아이들에게 성적 매력을 느끼진 않습니다.

>>**분석** 샌더스키는 이 질문에 대한 답변에서 상당한 거짓 징후를 보였다. 그는 질문을 두 번이나 반복했는데, 이러한 행동은 받아들여질 만한 답변이라고 생각되는 것을 만들어내기 위해 시간을 벌려는 시도로 보인다.

코스타스 분명 샌더스키 씨에게도 무죄추정의 원칙이 적용되니 변호사들의 격렬한 변론이 있을 겁니다. 하지만 한편으로는 이미 엄청난 양의 정보로 인해 공정하고 상식적인 사람들은 샌더스키 씨가 극악무도한 짓을 저질렀으므로 유죄라고 결론을 내렸습니다. 여기서 제기된 유형의 범죄들은 특히 더 용서할 수 없다 생각하고 있습니다.

그래서 일주일 전까지만 해도 제리 샌더스키라는 이름을 몰랐던 수백만 명의 미국인이 이제는 샌더스키 씨를 범죄자로 여길 뿐 아니라, 제가 깊이 생각한 후 고른 표현을 쓰자면, '괴물'로까지 취급하고 있습니다. 이 사람들은 어떻게 생각하십니까?

샌더스키 제가 뭐라고 말할 수 있을지, 누구든 그런 생각을 바꾸게 하려면 어떤 말을 해야 할지 모르겠습니다. 그저 제 변호사가 저의 결백을 위해 싸울 수 있는 기회를 잡을 때까지 어떻게든 사람들이 기다려줄 수만 있다면 좋겠다고 말하고 싶습니다. 지금 제가 할 수 있는 말은 그게 다입니다. 아시겠지만 분명 쉽지 않은 일이겠지요.

〉〉분석 샌더스키는 '괴물'이라는 꼬리표가 붙은 상황에 직면해서도 자신에게 제기된 극악무도한 혐의들을 적극 부정할 생각이 없어 보인다. 또한 "제가 뭐라고 말할 수 있을지, 누구든 그런 생각을 바꾸게 하려면 어떤 말을 해야 할지 모르겠습니다"라는 진술은, 사람들이 거짓말을 믿게 하기가 굉장히 어렵다는 사실을 샌더스키 스스로 깨닫고 있음을 보여줄 뿐이다. 이는 앞으로 몇 달 후, 혹은 그로부터 또 몇 년 후 그가 직면해야 할 혐의들처럼 악랄한 범죄와 관련된 경우에 특히 더 그렇다.

감사의 말

 이 책은 저자들 이외에도 수많은 사람들이 함께 일구어낸 엄청난 성과라 할 수 있다. 또 한편으로는 사랑하는 가족들의 따뜻한 지원이 만들어낸 결과이기도 하다. 곁에서 함께 살아가는 사람들의 격려와 조언, 그리고 의미 있는 노력에 늘 따라다니는 부담을 기꺼이 나누고자 하는 마음이 수년에 걸친 작업 속에 고스란히 담겨 있다.

 이 작업을 진행하는 동안 우리 주위의 많은 이들이 넓은 아량으로 자신의 시간과 지식을 기꺼이 내어주었고, 이 책이 사람들의 삶을 더 나은 방향으로 바꿀 수 있는 이야기를 들려주는 값진 작품이 되길 진심으로 빌어주었다.

 특히 이 책에서 소개한 개념을 발전시키고 공유하기 위해 설립한 큐베리티 QVerity의 파트너이자 친구이고 세계적으로 인정받고 있는 법률 전문가인 피터 로마리Peter Romary의 훌륭한 조언에 감사드린다. 창립 멤버인 빌 스탠튼Bill Stanton, 교육 전문가 잭 보우든Jack Bowden, 마케팅 전문가 브라이언 스티븐슨Bryan Stevenson을 비롯한 큐베리티의 다른 친구와 동료에게도 특별한 감사의 마음을 전한다.

놀라운 기술로 이 책을 보다 세련되게 만들어준 이들 중에서도 특히 짐 윈스테드Jim Winstead와 프랜시스 윈스테드Frances Winstead, 알렉스 리브스Alex Reeves와 테리 리브스Terri Reeves, 마이크 휴스턴Mike Huston과 페니 휴스턴Penny Houston, 케이시 휴스턴Casey Huston과 데비 휴스턴Debbie Houston, 필립 휴스턴Philip Houston과 레베카 휴스턴Rebecca Houston, 크리스 휴스턴Chris Houston, 베스 휴스턴Beth Houston, 닉 도슨Nick Dawson, 아디스 테넌트Ardith Tennant, 마시 로마리Marcy Romary는 원고의 교정쇄를 읽고 또 읽어주었다.

우리의 에이전트 N. S. 비엔스톡N. S. Bienstock의 폴 페도르코Paul Fedorko는 우리가 교육 세션 중 경험했던 내용을 다른 사람도 알아야 한다는 선견지명과 탁월한 감각을 가지고 그러한 경험을 책으로 엮는 과정을 이끌어주었다.

전문가다운 실력을 보여준 세인트 마틴스 출판사St. Martin's Press 직원들이 없었다면 이처럼 쉽게 책을 완성하지 못했을 것이다. 출판사의 능력 있는 카피라이터들과 디자이너들에게도 감사의 마음을 전한다. 우리의 편집자 마크 레스닉Marc Resnick도 업계 최고 실력자다. 그는 탁월한 편집 솜씨뿐 아니라 융통성과 착한 심성을 지녔다. 두말없이 우리를 믿어준 그에게 깊은 감사의 마음을 전한다.

• ◦ •

인생에서 가장 큰 착각이 어떤 중요한 성과를 순전히 자신의 힘만으로 이룩했다고 믿는 것이라면, 인생에서 가장 큰 보물은 목표가 꿈에 그치지 않기 위해 꼭 곁에 있어야 할 사람들이다. 아내 데비, 아들 필 주니어와 크리스, 딸 베스를 포함한 나의 자랑스럽고 멋진 가족이 보여준 확고한 지지가 없었다면 이 책을 저술할 수 없었을 것이다. 가족의 사랑과 지원과 성원 덕분에 세계 곳곳을 돌아다니면서 쌓은 경험을 바탕으로 이 책에서 소개한 기법들을 개발하는 작업을 계속 이어갈 수 있었다. 그리고 그 기법들 일부를 좀 더 쉽게 설명할 수 있도록 자신들의 경험과 일화를 공유해준 우리 아이들에게도 고맙다.

변치 않는 우정과 지원에 늘 고마움을 느끼는 사람들이 많지만, 그중에서도 과거 CIA에서 함께 일했던 동료 넷은 특별히 언급해야 할 것 같다. 이 네 명과 나는 처음으로 거짓말 탐지법을 교육하는 벤처 회사를 차렸다. 빌 페어웨더 Bill Fairweather, 잭 보우든 Jack Bowden, 개리 배런 Gary Baron, 그리고 당분간 이름을 언급할 수 없는 네 번째 동료의 노고와 헌신, 기업가 정신이 없었다면 이 책은 결코 빛을 보지 못했을 것이다. 국가를 위해 봉사하는 이들의 작업은 그 자체만으로도 책으로 엮을 가치가 있다.

거의 25년을 CIA에서 일한 나로서는 다른 직업을 갖는다는 것은 상상도 할 수 없다. CIA의 일이 대부분 비밀리에 수행되긴 하지만 전 세계 CIA 요원들이 매일같이 해내는 중요한 임무들을 사람들이 직접

볼 수 없다는 점은 안타까운 일이다. 보상을 위해서가 아니라 오직 자유라는 가치를 위해서 일하는 헌신적이고 뛰어난 집단에서 일할 수 있었다는 점에 고마울 따름이다.

— 필립 휴스턴

• • •

내가 조그만 시골 마을에서 자란 건 참으로 축복받을 일이다. 미국 중심부에 있는 작은 농촌인 네브래스카 Nebraska 주의 콜럼버스 Columbus 는 말로만 떠드는 것이 아닌 행동으로 실천하며 사는 강인한 사람들이 많다. 무슨 일이든 서로 도움을 주고받으며 해낸다. 지면의 제약 때문에 콜럼버스에 사는 내내 깊은 감동을 주었던 수많은 사람을 일일이 여기서 언급하지 못하는 것이 안타깝다.

선생님과 코치, 친구, 이웃들에게 깊이 감사드린다. 나의 평생지기이자 속임수 파트너인 스티브 앤더슨 Steve Anderson 에게는 늘 든든한 버팀목이 되어주어 고맙다는 말을 전한다. 고등학교 때 모범이 되었던 나의 육상 및 풋볼 코치 론 캘런 Ron Callan 에게도 감사의 마음을 전한다. 진취적이고 모험적인 군대 동기 프랭크 아젠브라이트 Frank Argenbright 에게는 그 옛날 내게 거짓말 탐지 전문가로서의 직업을 포기하지 않도록 격려해줘 고맙다는 말을 전한다. 나를 '네브래스카에서 온 뻔뻔한 녀석'이라 부르던 고 존 리드 John E. Reid 스승님께도 감사드린다. 부디 이 책을 자랑스럽게 여겨주셨으면 한다. 법대 시절 인생에서 가장 중요한 선물 중 하나인 자신감을 주셨던 폴라 러스트베이더 Paula Lustbader 교수님과 데이비드 뵈르너 David Boerner 교수님에게 감사드린다.

아낌없는 조언과 아량과 유머를 베풀어준 나의 아름다운 누이들 줄리 Julie 와 스테파니 Stephanie 에게도 감사하다. 나의 부모님 빌 플로이드 Bill Floyd 와 윌마 플로이드 Wilma Floyd 를 기리며, 부모님이 내게 주신 영향과 조건 없는 사랑에 한없는 감사를 표한다. 그리고 내게 가장 중요한 사람이자 훌륭한 아동·청소년·성인 정신과 의사로서 아낌없는 격려와 지원, 지혜와 사랑을 보여준 든든한 아내 에스텔리타 Estelita 에게 감사의 마음을 전한다.

― 마이클 플로이드

• ○ •

공동 집필에 참여한 다른 이들처럼 나 또한 수년간 올바른 방향을 제시하고 지지해준 멋진 친구, 가족과 함께 인생을 보내는 행운을 누렸다. 가끔은 나의 결정에 의문이 생기기도 했겠지만 그럼에도 아낌없는 지원을 보내준 나의 부모님 애나 마리 Anna Marie 와 잭 브렌든 Jack Brenton, 클리프 먼시 Cliff Muncy 에게 감사의 말을 전한다. 개인적으로나 직업적으로나 내게 최고만을 기대하며 그 과정에서 자신을 믿는 법을 가르쳐주었던 나의 멋진 친구이자 스승님이신 쉴라 데리베리 Sheila Derryberry 와 워렌 해머 Warren Hammer 에게도 감사하다. 이들이 없었다면 이번 책 집필에 참여할 수 없었을 것이다.

지면상 여기에 일일이 열거할 수는 없지만 이야기를 제공하는 방법으로 또는 단순히 아이디어를 지지해줌으로써 이 책을 집필하는 데 중요한 역할을 해준 많은 친구들에게 고마운 마음을 전한다. 나와 함께 갑판에 앉아 수많은 시간을 함께 보내며 이 책에 실린 유사한 이야기들을 들려주고 인생을 전체적으로 분석해준 신디 겐수로브스키 Cindy Gensurowsky와 스티브 겐수로브스키 Steve Gensurowsky에게 특히 감사하다. 그 많은 세월 동안 내게 구명 밧줄과도 같은 존재가 되어준 이들과의 우정은 내 인생의 선물과 같다.

마지막으로 교육과 책에 자신들의 이야기를 사용할 수 있게 해준 우리 아이들, 로렌과 닉에게도 많은 고마움을 전한다. 정신없이 돌아가는 일상이 늘 쉬운 것만은 아니지만 아이들의 사랑과 지원, 유머 감각이 하루하루의 삶을 감사히 여기게 한다. 로렌과 닉, 너희가 무척 자랑스럽고 앞으로 어른이 되어가는 모습도 기대하마. 그러니 이제 가서 숙제해야지! 사랑한다.

―수잔 카니세로

• ○ •

나는 정직을 최고의 가치로 여기는 학교인 메인 주 엘리어트의 그린 에이커 바하이 학교 Green Acre Baha'i School 구내에 사는 엄청난 행운을 얻었다. 아내 아디스 Ardith가 이곳에서 직원으로 일하고 있는 덕분에

나는 인간의 타고난 고귀함을 높이 평가하는 환경에서 일하고 있다.

인간 존재로서의 결함을 우리 모두가 직면한 장애물로 인정하는 분위기 속에서 이 책을 집필하게 된 것은 하나의 선물과도 같았다. 따라서 진실을 말하느냐 거짓을 말하느냐의 선택의 기로에서 사람들이 시험에 드는 상황에 대한 글을 쓰려면 이곳에 들러보길 바란다.

우리가 있어야 할 곳에 도달하기 위해서는 모두가 할 일이 있다는 생각을 늘 일깨워주는 곳이므로 다른 사람을 평가하거나 비난하려는 성향을 찾아보기 힘들다. 함께 지내는 동안 이렇게 소중한 선물을 주고 격려와 지원을 아끼지 않은 이곳 그린 에이커, 더 넓게는 엘리어트 지역의 모든 친구들에게 진심 어린 감사의 마음을 전한다.

인생을 살면서 겪은 일 그리고 내가 이 책의 집필에 참여할 수 있도록 중요한 역할을 해준 사람들을 생각하다 보면 그 끝엔 항상 가족이 있다. 우리 아이들, 아디스 Ardith(할머니의 이름을 따서 내리 세 번째이다), 돈 Don(처음 두 아이는 우리 이름을 땄다), 댄 Dan, 셸리 Shelly는 내가 아빠로서 열 번의 인생을 살면서 줄 수 있는 것보다 훨씬 많은 것을 내게 주었다.

마지막으로 무엇보다 소중하고 사랑스러운 나의 아내는 진정으로 누군가를 사랑하고 사랑받는다는 게 어떤 의미인지를 알려주었다. 지금도, 앞으로도 아내는 언제나 나의 천사다.

—돈 테넌트

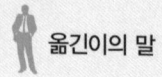 옮긴이의 말

"아, 뭔가 구린내가 나는데… 계속 아니라 그런단 말이야."
함께 저녁을 먹던 기자 친구가 밥숟가락을 들다 말고 말했다.
"무슨 일인데?"
내가 물었다.
"어디서 들은 정보가 있어서 어떤 기업을 캐고 있는데, 전화를 했더니 언론 담당자라는 사람이 자기네는 금시초문이라는 거야. 알고 있는 게 분명한데."
"그래? 내가 그 담당자의 말이 거짓이라는 걸 밝히고 네가 원하는 정보도 얻을 방법을 알 것 같은데."
"정말이야? 뭔데? 빨리 말해봐."
"내 번역서《거짓말의 심리학》을 읽어봐."

친구의 고민을 듣는 순간, '그래, 《거짓말의 심리학》에서 이야기하는 게 바로 이거였구나' 싶었다. 섹스팅 스캔들에 휘말린 뉴욕 상원의원 앤서니 위너와 CNN 정치부 기자 다나 배쉬의 대화, 아동 성추행으로 기소된 제리 샌더스키와 NBC 밥 코스타스의 인터뷰가 바로 나의 기자 친구가 꼭 읽어봐야 할 대목이었다. 상대방이 거짓을 말하는지 진실을 말하는지, 만일 거짓을 말하고 있다면 거짓으로 숨기려는 진실이 무엇인지 알아내는 방법, 그 방법을 활용할 기회가 이렇게나 가까이에 있었다.

미국 드라마를 즐겨보는 나로선 이 책의 원서 제목 《Spy the Lie》를 보는 순간 〈라이 투 미 Lie to me〉라는 드라마가 떠올랐다. 용의자의 얼굴에 순간적으로 나타났다 사라지는 미세표정을 보고 감정과 심리상태를 파악하고 거짓을 말하는지 진실을 말하는지 가려내 사건을 해결하는 수사 드라마이다.

아니나 다를까 이 책에서도 이 드라마에 대해 언급하고 있었다. 그러나 〈라이 투 미〉처럼 미세한 표정 변화를 보고 거짓말을 가려내는 건 할리우드이기 때문에 가능하다는 사실을 알고, 라이트먼 박사의 뛰어난 거짓말 탐지 능력에 감탄했던 나는 적잖이 실망했다. 〈라이 투 미〉 같은 드라마를 본 적이 있는 사람이라면 누구나 표정의 변화, 몸짓, 행동을 보고 거짓말을 가려낼 수 있는 능력을 부러워했을 것이다. 방법만 알면 나도 당장 상대방의 거짓말을 가려낼 수 있을 텐데, 하면서. 하지만 이 책이 경계하고 경고하는 것이 바로 그런 생각이다.

　방법을 안다고 거짓말을 가려낼 수 있는 건 아니다. 여기에는 오랜 연습과 수많은 경험이 필요하다. 이 책은 친절하게도 거짓말을 가려내는 능력을 키울 수 있는 다양한 방법까지 소개하고 있다. 그중 하나로 사람을 불러놓고 질문에 대답하게 하는 형식의 TV 토론이나 인터뷰, 뉴스 등을 많이 보며 연습하라는 내용이 있는데 아마도 일반인이 가장 쉽게 실행에 옮길 수 있는 방법이 아닐까 싶다.

　그런 의미에서 대통령 선거나 국회의원 선거 등은 이 책에 나온 방법과 기술을 직접 응용해볼 수 있는 좋은 기회가 될 듯하다. 매번 선거 때만 되면 검증이다 뭐다 하면서 후보자들에 대한 수많은 의문과 의혹이 쏟아지곤 한다. 이때 후보자들은 그 많은 의문과 의혹에 어떤 말을 하고 어떤 태도를 보이는가? 이 책의 말처럼 질문에 답하는 형식의 대화에서 대답하는 사람의 진실과 거짓이 가장 잘 드러난다면, 후보자들의 TV 토론도 우리에게는 재미있는 사건이 될 것 같다. 또 거짓말이 난무하는 대표적인 곳, 청문회장의 모습을 자주 지켜보는 것도 갈고닦은 거짓말 탐지 실력을 가늠해볼 수 있는 좋은 방법일 것이다.

　우리는 왜 거짓말을 하는 사람에게 적대감을 갖는 걸까? 모두가 눈을 부릅뜨고 거짓말을 찾아내려 하고, 그렇게 거짓말을 들킨 사람은 응당한 사회적 제재와 처벌을 받고, 그래서 감히 그 누구도 거짓말을 할 엄두를 내지 못하게 된다면, 결국 온 세상 사람이 진실해질 수 있을까? 수십여 년에 걸친 경험과 전문 기술을 바탕으로 거짓말을 탐지해내는 방법을 구축하고 이렇게 책으로까지 엮어낸 그들도 같은 마음이었을까?

박인균

거짓말의 심리학
CIA 거짓말 수사 베테랑이 전수하는 거짓말 간파하는 법

1판 1쇄 발행 2013년 1월 4일
1판 13쇄 발행 2016년 11월 11일

지은이 필립 휴스턴, 마이클 플로이드, 수잔 카니세로, 돈 테닌드
옮긴이 박인균
펴낸이 고병욱
펴낸곳 추수밭
등록 제1989-000026호
주소 06048 서울시 강남구 도산대로 38길 11번지(63번지)
주소 10881 경기도 파주시 회동길 173(문발동 518-6) 청림아트스페이스
전화 02)546-4341
팩스 02)546-8053

www.chungrim.com
cr2@chungrim.com

ISBN 978-89-92355-93-3 03180

잘못된 책은 바꿔드립니다.